Rusto

ein Roman
von

Roland Fakler

1975

Gewidmet:
Meinen Eltern, meinen Brüdern und meinen Freunden!

Die ewig wiederkehrende Geschichte vom Befreier, der zum Tyrannen wird und die Welt in den Untergang führt, ließ mich schon in jungen Jahren die Frage stellen: Muss das denn wirklich immer so weiter gehen, lernen die Menschen nie aus ihrer schrecklichen Geschichte?

Rusto

ein Roman
von
Roland Fakler

Impressum:
Herstellung und Verlag:
Books on Demand GmbH, Norderstedt

ISBN-13: 9783837002713

Vorwort des Autors

Diesen Roman habe ich im Sommer 1975 in meiner Tübinger Studentenbude verfasst, - also im Alter von 22 Jahren.

Es ging mir darum, ein ewiges Drama zu verarbeiten, das in der scheinbar unveränderlichen Natur des Menschen begründet liegt: Die Geschichte vom Helden, der vom gefeierten Befreier zum verhassten Tyrannen wird. Man findet sie in der Weltgeschichte unzählige Male: Alexander; Arminius; Napoleon; auch Hitler, Mao, Castro, Saddam... sind als umjubelte Befreier angetreten und endeten als verhasste Tyrannen. Das Problem ist nicht aus der Welt geschafft; es wird auftreten, wenn ein „starker Mann" auftritt, aber es kann eingedämmt werden, durch Aufklärung über die menschliche Natur und durch fest gefügte demokratische Strukturen.

Ich selbst fand dieses Problem in mir. Größenwahn, Kampf- und Gewaltszenen und der ständige Gedanke an den Tod beherrschten damals mein Gehirn in Tag- und Nachtträumen. Ich konnte dieses Stadium meiner Entwicklung nicht überspringen, sondern ich musste hindurch. Das gelang mir am besten in der bewussten Auseinandersetzung mit diesen Themen. Das Buch dokumentiert, ebenso wie mein „Cäsar", diese Stufe meiner Entwicklung. Rusto half mir auch, meine ständigen Kopfschmerzen tapfer zu ertragen. Das war Therapie im wahrsten Sinne des Wortes.

Im Inhalt verarbeite ich meine Kindheits- und Jugenderlebnisse und meine Jugendlektüre. Zu meinen Erlebnissen gehörten vor allem die Ritter- und Indianerspiele mit meinen Freunden und die Erfahrungen mit einer Jugendgruppe in einem Schülerheim, die ich gründete, organisierte und anführte. Auch die Erinnerungen an eine erste Liebe, für die ich nie genug Zeit hatte, versuche ich hier wach zu halten.

Zu meiner Lektüre gehörten die deutschen Heldensagen, das Nibelungenlied, die Ilias von Homer und andere Heldengeschichten. Heldengeschichten haben mich fasziniert.

Als Lateinschüler waren mir vor allem auch die römischen Geschichtsschreiber Cäsar, Tacitus und Livius vertraut. Neben der Schule las ich mit Vorliebe die Lebensbeschreibungen großer Griechen und Römer von Plutarch und fast alle antiken Philosophen.

Die Alemannen interessierten mich, weil ich sie als meine persönlichen Vorfahren betrachte. Das ungeklärte Schicksal eines jungen Alemannenkönigs namens Rando, der im Jahr 368 das römische Mainz überfallen hatte, dann aber von den Römern / Franken geschlagen wurde, gab mir Anlass zum Nachdenken über jugendlichen Wagemut, über Ruhm, Ehre, Heldentum und Krieg.

Die Figuren in dem Buch sind Fantasiegestalten, jedoch mit autobiografischem Bezug. Neben meinem jungen Alter und den oben erwähnten Einflüssen dürfte auch noch die Tatsache, dass ich gerade vor ein paar Monaten aus der Bundeswehr entlassen worden war, dazu beigetragen haben, ein so kriegerisches Buch zu schreiben.

Die Beschäftigung mit der Geschichte meines neuen Heimatortes, „Reusten", das seinen Namen von dem alemannischen Vornamen „**Rusto**" herleitet, und meine

Mitwirkung bei der Gestaltung des Ortes, hat sich bei einer späteren Überarbeitung in dem Roman niedergeschlagen.

Ich hoffe, dass diese Geschichte nicht dazu ermuntert, Eroberungskriege anzustiften, sondern eher dazu, vor Kriegen zu warnen. Ich hoffe, dass sie dazu anregt, die Begriffe „Ruhm", „Ehre" „Männlichkeit" und „Heldentum" zu überdenken und in einer freiheitlichen Demokratie, die ich für die beste Staatsform halte, mit neuen Inhalten zu füllen.

Inhaltsverzeichnis

Einleitung

Viel Wunderbares ist uns überliefert von edlen Helden und ihren Taten, doch von einem schweigt die Mär, darum soll man hier sein Schicksal hören.

Betrachtet sein Leben, erkennt wie alles kam, wie grenzenloser Ehrgeiz sich zum Unglück wendet, wie das Schicksal mit den Menschen spielt, - und lernt daraus!

1. Kapitel Die Lage

Einst, als die Völker Germaniens sich erhoben und das Reich der Römer kurz vor seinem endgültigen Niedergang stand, beherrschte von einer Burg über dem Amratal ein römischer Fürst das Volk der Alemannen. Von festen Mauern geschützt und umgeben von einer Schar wilder Knechte, war er die Geisel des Landes. Hoch stand die Burg über den unterdrückten Dörfern und mächtige Türme trotzten gegen den Himmel. Das waren die Zeichen seiner unbeschränkten Herrschaft.

Allabendlich zechten die Römer beim flackernden Schein der Fackeln bis tief in die Nacht. Weithin dröhnte das Grölen ihrer rauen Stimmen, wenn sie, vom vielen Wein berauscht, ihren Kräften in Geschrei, Gesang und Gezänk Luft machten. In schlaflosen Nächten lauschten die Bauern der Umgebung dem Treiben auf der Burg. Furcht bedrückte ihre Gemüter. Schauerliches erzählte man sich von den Übermütigen und Schlimmes mussten sie selbst erfahren.

Von Kriegstaten entwöhnt, suchten die Knechte anderen Streit. Sie verheerten das Land und vernichteten mutwillig die Ernte. Sie brandschatzten und mordeten, wo immer sie Gelegenheit fanden. Stolz waren sie auf diese „Ruhmestaten", weil sie der Schändlichste von allen, der Fürst, lobte. Ihm wollten sie durch ihre Räubereien gefallen und so überbot denn der eine den anderen durch „bessere" Streiche.

Da wurden Gefangene aus dem Verlies der Burg gezerrt, die, an Pfählen gebunden, den trunkenen Schützen ein lebendiges Ziel für den Pfeil oder den Speer boten. Glücklich durfte sich der schätzen, dem der erste Schuss das Leben raubte. Von Blut überströmt war der Burghof. Beifall klatschte der Fürst und es lachten die Knechte.

Vom Blut gesättigt bestiegen sie bisweilen zu mitternächtlicher Stunde ihre Pferde und donnerten hinaus, über den Burggraben, hinab in die Dörfer, um Jagd auf schönere Beute zu machen. Da fürchteten Väter um ihre Töchter und Männer um ihre Frauen und dort wo die schönsten Jungfrauen blühten, war die Furcht am größten.

Schon jahrelang litt das Land unter der räuberischen Hand des Fürsten. Bald gaben es die Bauern auf, ihre Äcker zu pflügen, da ja die Frucht vernichtet wurde, ehe sie reif war. Unkraut blühte auf den verwahrlosten Feldern, denn jeder tat nur, was nötig war, um sein Leben zu fristen. Trostlosigkeit und Verzweiflung zeigte sich auf allen Gesichtern, weil sie kein Ende dieser Herrschaft sahen und kein Ende ihrer Leiden.

Mutlos brachten sie den einen Tag um den anderen hin und es vergingen Monate und Jahre elenden Lebens.

2. Kapitel Die Herkunft

In einem der alemannischen Dörfer lebte ein Bauer mit seiner Frau und seinen zwei Söhnen. Jo, der Jüngere, war sein leiblicher Sohn. Den zweiten Sohn nannten sie Rusto, auf Wunsch einer alten Seherin. Er war ein Findelkind.

Seine Rettung glich einem Wunder. Damals war dem Bauern, von Blitz und Donner erschreckt, bei strömendem Regen, ein Pferd ausgerissen. Kein Mensch hätte sich an diesem Tag unnötig aus dem Haus gewagt, aber auf der Suche nach dem entlaufenen Tier, fand er das Kind, kaum der Mutterbrust entwöhnt, unter einer Eiche. Das Pferd und ein Falke hielten bei ihm die Wacht. Nimmer hätte es das Gewitter und die Nacht überlebt.

So war Rusto, zusammen mit Jo, bei den Bauersleuten herangewachsen und obgleich er wusste, dass seine Herkunft im Dunklen lag, war ihm Jo ein Bruder und er liebte die besorgte Mutter und schätzte den tüchtigen Vater.

Nicht lange blieb sein feuriger Geist den Eltern verborgen, auch zeigte er ein unbeugsames Wesen. Der Vater merkte bald, dass er sich nur mit Güte belehren ließ, denn sobald Rusto Gewalt fühlte, stellte er sich mit Starrheit und Trotz dagegen.

Einst hatte sich der Bauer einen heißblütigen Schimmel erhandelt, ein prächtiges Tier in seiner äußeren Gestalt, doch so ungestüm in seinem Temperament, dass niemand es wagte, ihm die Zügel anzulegen. Schon ärgerte er sich, dass er sich bei dem Handel so rasch von der Schönheit des Tieres und dem niederen Preis hatte beeinflussen lassen, als Rusto ihn bat, ihm den Hengst zu schenken. Weil das Pferd ohnehin für die Arbeit auf dem Feld unbrauchbar schien, tat der Vater dem Sohn diesen Gefallen und befriedigte damit einen lang gehegten Wunsch.

Damals bewies Rusto, zwar nicht zum ersten Mal, aber in diesem Fall auf sehr deutliche Weise, seine glückliche Hand. Nach wenigen Tagen schon fügte sich der Hengst dem Willen des Jünglings. Straff führte dieser die Zügel und stolz zeigte er sich, hoch zu Ross, den bewundernden Blicken des Vaters. Da ahnte der Bauer, dass er einen Falken großgezogen hatte.

Die Jagd war diesem hitzigen Jüngling die liebste Beschäftigung. Tagelang streifte Rusto mit Jo und seinen Freunden durch die endlosen Eichen- und Buchenwälder seiner Heimat. Es lockte ihn das Unbekannte.

Entdeckte er die frische Spur eines Wildes, dann ließ er nicht mehr von ihr ab, mochten ihm bei seiner Verfolgung noch so viele andere und wertvollere Tiere über den Weg laufen, sie kümmerten ihn nicht. Sein Ehrgeiz ließ es nicht zu, dass er das aufgab, was er sich in den Kopf gesetzt hatte. Da hetzte er tagelang den gleichen Hirsch, preschte auf seinem Hengst durch Gebüsche, setzte über Gräben und Flüsse und scheute keine Mühen, wenn ihn einmal der Eifer gepackt hatte. Bei Tagesanbruch nahm er die Fährte wieder auf, die die Nacht seinen Augen entrissen hatte. Ermüdet von den Strapazen folgten die Freunde oft widerwillig, doch vergaßen sie rasch die Anstrengungen der Jagd, wenn ein prächtiger Hirsch endlich ihren Pfeilen und ihrer Hartnäckigkeit erlag. Da wurde die gemeinsame Beute ein Band ihrer Freundschaft.

3. Kapitel Die Freunde

An einem heißen Sommertag sitzen die Freunde, schweißtriefend und erschöpft von hitziger Jagd, bei einem eben erst erlegten Eber. Jo war der treffliche Schütze, der dem Tier mit der Wucht seines starken Armes den tödlichen Spieß in die Flanke geschleudert hat. Lachend und stolz schneiden die Jäger die saftigsten Stücke aus ihrer Beute und braten sie über prasselndem Feuer, begierig mit dem Lohn ihrer Mühen den quälenden Hunger zu stillen. Eine kühle Quelle unter schattigen Laubbäumen ist ihren trockenen Kehlen willkommen und leichter Wind trägt ihnen den Schweiß von der Stirn.

Da sitzt neben **Rusto** der treue **Jo**. Die Brüderschaft und die gemeinsame Kindheit sind ein unzerreißbares Band, das sich in späteren Kämpfen bewähren wird. Auch sind sie sich ähnlich in ihrem Charakter, doch Rusto ist ehrgeiziger, ja er ist unermüdlich in seinem Streben, denn überall will er der Erste sein. Außer den Brüdern ist da noch der schlaue **Wolf**, der die Kraft seines Geistes höher schätzt als die Gewalt seines Schwertes. Der furchtbare **Karl** hat den Freunden schon viele Proben von seiner Kunst gegeben, das Schwert mit verderblicher Schärfe zu führen. Der gewaltige **Jorg** dient dem Fürsten, in seiner Not, denn verhasst ist auch ihm diese Herrschaft. Von adliger Abstammung ist allein **Udo**, der Grimmige.
Tüchtig und tapfer sind sie alle. Gemeinsam bestandene Gefahren und eine unbestimmte Zukunft haben sie aneinander geschmiedet.
Gesättigt vom köstlichen Mahl und erfrischt von der sprudelnden Quelle erzählt der adlige Udo den Freunden die Sage vom König Alexander, der einst im fernen Griechenland geherrscht und sich durch gewaltige Heldentaten unsterblichen Ruhm errungen hatte. In andächtigem Schweigen lauschen sie alle. Bewunderung schleicht sich in ihre Herzen und Begeisterung ergreift ihr Gemüt. Da unterbricht Rusto den Erzähler und zieht die Blicke aller auf sich: „Wie, scheint es euch nicht schändlich von solchen Taten zu hören und dabei selbst stillzusitzen? Alexander war zwanzig Jahre alt, als er seinen Feldzug gegen die Perser begann, nicht geringer schätze ich meine Kraft, aber wo soll ich meine Feinde suchen?" Udo, der Adlige, der sich aufgrund seiner Abstammung den Freunden überlegen fühlt, hält ihm entgegen: „Bedenke, Rusto, dass Alexander der Sohn eines Königs war!" Dies Wort muss den reizbaren Ehrgeiz Rustos verletzen und also schlägt er zurück: „Du Udo bist der Sohn eines Adligen und ich der Sohn eines Bauern und doch musst du meinem

Schwert weichen." In grimmiges Schweigen hüllt sich da Udo und der schlaue Wolf versucht die erhitzten Gemüter zu kühlen: „Wir wissen wohl Rusto, dass du von uns allen der Tapferste bist und deshalb schätzen wir dich wie einen König, auch wüsste ich, wo du deine Feinde finden könntest...". Er war noch nicht mit seiner Rede zu Ende, als er sie plötzlich abbricht, denn die Freunde hatten blitzschnell ihre Waffen ergriffen und sich erhoben. Der eine zog sein Schwert aus der Scheide, der andere hielt seine Lanze zum Stoß bereit. Gespannt blicken sie in eine Richtung des Waldes, in der sie ein verdächtiges Rascheln vernommen haben. Schon stürmen der gewaltige Jorg und der furchtbare Karl mit gezückten Schwertern gegen die vermeintliche Gefahr, um sie abzuwehren, als sie plötzlich in ihrem Sturm innehalten und beschämt die Schwerter senken.

Eine Frauengestalt, mit schneeweißem Haar, in weißem Gewand, tritt aus den Büschen hervor. Eine seltsame Erscheinung. „Ich kenne sie", ruft Jo den Freunden zu, „es ist Orakula, die weise Seherin." Und als sie näher tritt, erkennen auch die Freunde das greise, faltige Gesicht, denn in ganz Alemannien sind ihre Wundertaten und ihre weisen Sprüche bekannt.

Rusto ergreift das Wort, noch ehe sie die Freunde erreicht hat: „Orakula, weise Seherin, kein Zufall ist es, der dich zu uns geführt hat; das Schicksal selbst hat dich geschickt. Wenn es wahr ist, dass du die Zukunft eines jeden Menschen vorhersehen kannst, dann sei uns ein willkommener Gast, Eberfleisch und kühler Trunk wird nicht deiner Weisheit schaden." Orakula aber bleibt in einiger Entfernung von den Männern stehen; und da bedenkt Rusto, was man sich von ihr erzählt: Sie sei die Tochter eines Königs und von allen Frauen sei sie einst die schönste gewesen. Könige und Fürsten hätten sie begehrt, doch hätte sich ihr kein Mann nähern dürfen, weil sie selbst sich den Göttern geweiht hat. Einsam lebt sie in den Wäldern und scheut die Nähe der Menschen. Zu rein ist ihre Seele für menschlichen Umgang.

Doch begierig seine Zukunft zu erfahren, bittet Rusto: „Künde mir, Orakula, nur dies eine: Was habe ich von diesem Leben zu erwarten?" Lange schweigt Orakula und sagt doch wenig. Sie mustert den Jüngling vom Scheitel bis zur Sohle. Sie erkennt in seinen wachen Augen den feurigen, unruhigen Geist und schließt von seiner Wohlgestalt auf eine edle Seele. Auch hat sie schon viel Rühmliches über ihn gehört, denn in den alemannischen Dörfern ist er beliebt und zählt zu den tüchtigsten Männern.

Schließlich verkündet sie, nachdem sie sich lange bedacht hatte: „Du, Rusto, wirst nicht ohne große Taten über diese Erde gehen! Folge deiner Kraft, sie ist dein Stern, der dich führen wird, doch hör auf dein Herz, damit es deinen Ehrgeiz zügelt, wenn aus Taten Untaten zu werden drohen!"

Unzufrieden mit dem Spruch, aber doch erfreut, glaubt Rusto umso mehr an seine Zukunft als er die Weisheit der Frau schätzt, die ihm große Taten prophezeit hat.

4. Kapitel Die Verschwörung

Mit reicher Beute beladen kehren die Freunde in ihr Dorf zurück. Voran reitet Rusto. Jos Pferd stampft und keucht unter der Last des schweren Ebers. Es hilft ihm der Bruder. Der schlaue Wolf zeigt zwei Füchse mit buschigem Schwanz und einen mächtigen Bären schleppen, gemeinsam, der gewaltige Jorg und der furchtbare Karl. Am Schluss reitet der adlige Udo. Ein prächtiger Hirsch mit zwölf Enden ist seinem Grimm ein Trost.

Längst haben sich Rusto und seine Gefährten in den Dörfern des Amratales durch hilfreiche Taten einen wohlklingenden Ruf verschafft. In vielen der unterdrückten Gemüter entzündete der junge Held ein verborgen glimmendes Licht der Hoffnung. Unter den Bedrücktesten munkelt man gar schon, wenn sich die geheimsten Regungen des Herzens Luft machen, vom neuen König; und Rusto wälzt sich in schlaflosen Nächten auf seinem Lager aus weißem Lammfell. Er ist sich seiner Kraft bewusst. Tiefe Abscheu hegt er gegen das schändliche Treiben der Römer. Das Los der Gequälten bewegt sein Herz; und sein Ehrgeiz verlangt nach Taten.

Von Tag zu Tag gewinnt die Unzufriedenheit an Kraft. Eines Morgens gebiert sie einen folgenschweren Entschluss. Da steht er vor Rusto, zuerst schwächlich wie ein Kind, doch gewinnt er bald an Stärke, je länger Rusto sich mit ihm befasst.
Er sammelt die Freunde um sich und eröffnet ihnen seinen Entschluss: „Es ist entschieden", so beginnt er gleich, „der Fürst wird fallen." Erschrocken über ein so kurzes und so großes Wort, versagt den Männern für einen Augenblick die Stimme. Ehe sie ihre Bedenken äußern können, unterdrückt Rusto diese im Entstehen: „Ich habe mir die Sache lange genug überlegt. Wir haben gar keine andere Wahl. Handeln wir nicht jetzt, wo unsere Kraft blüht, dann verschlechtert sich die Lage für uns, je länger wir die Entscheidung hinausschieben. Eines Tages müssen wir handeln, wenn wir nicht unser Leben lang Sklaven bleiben wollen. Ich jedenfalls erkämpfe mir meine Freiheit." Das sagt er mit solcher Bestimmtheit, dass die Freunde wiederum längere Zeit schweigen.
Der treue Jo ergreift schließlich das Wort: „Wir werden dir beistehen, Rusto, so gut wir können, denn wir sind ja alle in der gleichen Lage und erhoffen uns, wie du, eine glücklichere Zukunft." „Aber wie können wir sechs so viele Römer bezwingen", fragt der furchtbare Karl und Jorg antwortet ihm: „Es ist nicht schwer, wenn sie betrunken sind; die schlaffen Krieger kenn ich allzu gut." „Wir werden sie mit List besiegen", meint der schlaue Wolf, „wer einen Kopf hat, braucht nicht dumme Massen fürchten. Wie gutmütige Schafe werden sie zur Schlachtbank kommen. Viele Schafe werden es sein und wenig Schlächter; das ist so ganz natürlich." „List gefällt mir nicht", hält Rusto ihm entgegen", ich bin es gewohnt, durch meine Kraft zu siegen. Aber diese Knechte sind es wohl nicht wert, dass man offen gegen sie zu Felde zieht, wie gegen einen achtbaren Feind. Also werden wir uns eine List ersin-

nen, denn siegen müssen wir!" Und Udo denkt schon an den nächsten Schritt: „Doch wer soll König werden?" Da fühlt sich Rusto angesprochen und scharf gibt er zurück: „Die Frage war nicht klug und reichlich überflüssig. Du weißt sehr wohl: Der Tapferste wird König werden!"

5. Kapitel Die Vorbereitung zum Umsturz

Von jetzt an sitzen die Verschwörer nächtelang beim spärlichen Licht einer Kerze zusammen. Rusto will nichts dem Zufall überlassen. Alles bedenkt er wohl und gemeinsam schmieden sie den Plan.

Dem Fürsten ist der Ehrgeiz des Jünglings längst verdächtig, doch fühlt er sich unangreifbar hinter den festen Mauern seiner Burg; und niemals hätte er ihm solch einen kühnen Schlag zugetraut, wie ihn dieser ersonnen hat. Rusto ist schließlich der Sohn eines Bauern und vollkommen machtlos. Warum sollte der Fürst diesen Jüngling fürchten?

In diesen Tagen sieht man die Freunde unermüdlich von Dorf zu Dorf galoppieren. Sie verpflichten sich Männer und Waffen. Doch sollen die Bauern sich ruhig verhalten, bis der „Falke losschlage"; das ist die Losung. Gespannt warten sie auf den ersehnten Tag der Befreiung.

Auf der Burg sieht sich Jorg genauer um. Er sammelt die Tüchtigen und die Unzufriedenen um sich und nennt ihnen die Losung. Wohl ist dem Fürsten Jorg eine Zeit lang verdächtig gewesen, weil dieser immer schwieg, während die anderen Knechte ihm mit schmeichlerischen Reden gefallen wollten. In letzter Zeit aber hat sich der gewaltige Recke gebessert und hat sich den Sitten auf der Burg angepasst. Diese Tatsache beruhigt den argwöhnischen Geist des Fürsten.

Rusto verbringt unruhige Tage, bis er sich sicher ist, alle Fäden des kühnen Unternehmens in der Hand zu haben. Die Bauern müssen organisiert und mit Waffen ausgerüstet werden. Im entscheidenden Augenblick will er am günstigsten Punkt losschlagen, um ihr Schicksal zu wenden. Die Aussicht auf den Königsthron schärft seine Sinne. Er wittert jede Gefahr noch ehe sie ihm schaden kann und erstickt sie im Keime.

6. Kapitel Die heiße Nacht

Endlich kommt die heiße Nacht. Auf der Burg feiert man eines von den vielen Festen, die keines Anlasses bedurften. Das ist nichts Ungewöhnliches. Entscheidend ist, dass Jorg mit den Unzufriedenen in dieser Nacht die Wache am Burgtor übernommen hat. Diese Gelegenheit muss kurzfristig wahrgenommen werden, noch ehe alle Vorbereitungen abgeschlossen sind, denn Rusto will es in dieser Nacht trotzdem wagen. Er schätzt die Gunst des Augenblicks höher als die Vollkommenheit seines Heeres. Es geht die Losung um: „Der Falke schlägt los!"

Die Bauern sind erregt von der Größe des Augenblicks. Furcht und Hoffnung streiten sich in ihren Herzen, als sie von überallher mit Keulen, Schwertern und Spießen bewaffnet, zusammenströmen.

Der mitreißende Anblick des Helden, mit flatterndem Helmbusch auf weißem Schimmel sitzend, lässt ihre Hoffnung siegen. Gefasst trabt Rusto durch die Reihen und ordnet mit treffsicheren Befehlen das Heer. Eine bisher unbekannte Strenge zeigt sich auf seinem Gesicht. Selbst bei den Freunden duldet er keinen Widerspruch; und willig gehorchen sie ihm, denn sie fühlen es alle: Er hat das Unternehmen in der Hand und ist ihm gewachsen.

Mitternacht ist vorüber; da sieht man von der Burg eine Fackel winken. Das ist das Zeichen zum Aufbruch. Das Heer der Bauern setzt sich in geordnetem Marsch in Bewegung, - der Burg entgegen. Andere verbergen sich rund um die Burg in den Wäldern und warten auf das Zeichen zum Angriff. Lauter hört man bald das Grölen und Toben von Betrunkenen. Besser hätten die Römer den Wein genossen, wenn sie gewusst hätten, dass es ihr letzter ist. In stiller Andacht hätten sie wohl die Nacht verbracht, wenn sie gewusst hätten, dass es keinen Morgen mehr für sie gibt. Aber sie ahnen nichts.

Da rasseln die Ketten des Burgtors. Der Fürst und seine Getreuen, die im Burghof gezecht haben, springen erschrocken auf und ahnen ihr Verhängnis. Rusto sprengt in gestrecktem Galopp in den Hof. Der Hengst setzt über die Tische. Es fallen Becher und Krüge. Hinter ihm drängen sich die Bauern mit Furcht erregendem Kriegsgeschrei und erhobenen Waffen durchs enge Tor.

Jetzt erwacht auch der betrunkenste Römer aus seinem Dämmerzustand. Todesangst mahnt die einen, sich mit Waffengewalt dem stürmenden Haufen zu widersetzen, die anderen ihr elendes Leben durch die Flucht in die Türme zu retten.

Der Widerstand im Burghof ist, wie erwartet, gering. Nur wenige Bauern kämpfen, die meisten schlachten. Der Durst nach Rache verstärkt ihr Wüten. Da zertrümmert der eine einen Schädel im Gedanken an seine geschändete Tochter, der andere bohrt zähneknirschend seinen Spieß zwischen ungeschützte Rippen und denkt an sein niedergebranntes Haus.

Der gewaltige Jorg hat sich im Kampf gegen die uneingeweihten Wachen bewähren müssen, noch ehe das Burgtor niederfiel. Der grimmige Udo ist unter den ersten, die die Betrunkenen in die Türme verfolgen. Karl wütet furchtbar. Mit beiden Händen fasst er das Schwert und schlägt sich freie Bahn durch die Feinde, als gelte es in dichtestem Busch vorzudringen.

Rustos Augen suchten gleich nach seinem Eindringen in die Burg den Fürsten. Dieser verzog sich unter den ersten hinter festes Gemäuer. Sogleich ließ Rusto seinen Hengst im Stich und setzte dem Fliehenden nach. Seine Lanze hat noch kein Opfer gefunden. Da bricht Feuer in den Türmen aus; ob es von den Bauern oder den Römern gelegt wurde, ob es durch Zufall oder Willkür entstand, konnte niemand mit Bestimmtheit sagen.

Durch die Gänge der Burg hetzt Rusto den Fürsten. Die Flammen greifen mit unersättlicher Gier um sich und fressen was immer Fressbares sich ihren Zungen bietet. Endlich stellt Rusto den Fürsten. Von einem Schild geschützt, mit einer Lanze bewehrt, steht der Fürst am Pfosten der Tür. „Jetzt wird sich zeigen, wer von uns beiden zur Herrschaft bestimmt ist", ruft Rusto ihm mit herausforderndem Blick entgegen. Da schleudert der Fürst seine Lanze gegen den Helden. Leicht bremst der mit dem Schild das Geschoss. Ein schlaffer Wurf, unwürdig eines Fürsten. Das Eisen des Helden erspart dem Gejagten allzu lange Scham. Keinen Widerstand findet Rustos Lanze. Wuchtig durchdringt sie das Panzerhemd des Räubers und nagelt ihn samt seinem Schild an den Pfosten der Tür. Finsternis umhüllt dessen Augen. Blut tropft auf steinigen Grund und schon lecken die Flammen an seinem Gewand.

Wie ein Bauer im Frühjahr durch saftiges Gras seine Sense schwingt, so mäht der treue Jo die Köpfe der Knechte von ihren Schultern. In Sorge um den Bruder bricht er jeden Widerstand. Er stürmt durch die hell erleuchteten Gänge der Burg und ruft wieder und wieder seinen Namen.

Auf den Türmen abgeschnitten, ringen die überlebenden Römer mit Todesangst. Nicht die Bauern sind ihre nächsten Feinde, sondern die Flammen, denen sie nicht mehr entfliehen können. Da fällt ihnen die Entscheidung schwer, ob sie den harten und raschen Tod durch den Sprung in den Burghof oder den quälenden, langen und heißen Tod in den Flammen suchen sollen. Die meisten entscheiden sich für den Burghof, da ja der Mensch dem Tod nicht länger als nötig in die Augen blicken mag. Den Unschlüssigen nehmen schließlich die Flammen die Entscheidung ab. Mit kribbelndem Hohn ergötzen sich die Bauern an diesem Schauspiel.

Die Burg brennt nieder. Weithin erleuchten die Flammen die Gegend. In den Dörfern blicken die Frauen mit Besorgnis zum glühenden Himmel. Weinende Kinder schmiegen sich erschreckt in ihren Schoß. Sie suchen Schutz bei der Mutter. Quälende Spannung herrscht, bis die ersten Boten den Fall der Burg und des räuberischen Fürsten in den Dörfern verkünden.

Da sieht man Männer, die schon jahrelang in finsterem Groll ihr bitteres Schicksal trugen mit einem zufriedenen Lächeln auf den Lippen und junge Frauen von schöner Gestalt finden zurück zu ihrer natürlichen Eitelkeit, um wohlwollende Freier zu locken. Zu lange mussten sie sich durch abschreckende Hässlichkeit schützen.

Der Fall der Burg bringt allgemeine Erleichterung. Dankbarkeit und die Last ihres Glückes suchen nach einem, der großes Glück zu tragen vermag. Sie wissen wohl, wer sie aus der Knechtschaft erlöst und zu neuem Leben erweckt hat. Dafür hätten sie Rusto gerne auf den Königsthron gehoben, wenn dieser ihn nicht freiwillig bestiegen hätte, - und schon nach dem Himmel blickt. Das aber ahnen sie noch nicht.

7. Kapitel Die gefallene Burg

Von Leichenbergen und Trümmern übersät, bietet der Burghof ein finsteres Bild der Zerstörung. Der Rauch, der aus den schwarzen Burgruinen dampft, mischt sich mit grauem Nebel.
Im Halbdunkel des anbrechenden Tages sind die Bauern damit beschäftigt, die Toten ihrer Partei von den gefallenen Römern zu trennen und ihre Verwundeten zu versorgen.

Dem schlauen Wolf hat gleich zu Beginn des Gemetzels eine Lanze die Schulter durchbohrt und ihn außer Gefecht gesetzt. Er leidet schmerzliche Qualen unter dieser Verwundung, doch er beißt auf die Zähne und verbirgt sein schmerzverzerrtes Gesicht. Jorg und Karl kümmern sich um den schwer getroffenen Freund und lesen ihm jeden Wunsch von den Lippen. Udo tritt hinzu und erzählt, wie Alexander einst beim Sturm einer Stadt fast tödlich getroffen wurde, wie er monatelang wegen seiner Verwundung zwischen Leben und Tod schwebte und wie er dann später noch unzählige andere Städte erobert habe. Da huscht Wolf ein Lächeln über die Lippen. Aus seinen Augen leuchtet die Dankbarkeit für solchen Trost. Das Bewusstsein, dass ihn die Freunde wegen seiner Tapferkeit im Ertragen bewundern, kühlt seinen glühenden Schmerz.

Die Römer sind entweder im Gefecht umgekommen oder in den Flammen oder durch den Sturz auf den Burghof. Einige, die sich am Schluss der Gnade Rustos ergeben wollten, sind dem hemmungslosen und blindwütenden Rachedurst der Bauern erlegen. Der anwesende Rusto hätte es wohl verstanden ihnen Zügel anzulegen, doch dieser ist, zusammen mit Jo und den tüchtigsten Reitern, noch ehe die Letzten auf brutale und grausame Weise abgeschlachtet wurden, zur Verfolgung der Entflohenen aufgebrochen.

Tagelang kleben sie schon an der Spur der Verfolgten. Sie schonen weder sich selbst noch die Pferde. Rusto und Jo spornen ihre Begleiter an, die längst umkehren und sich mit dem bereits errungenen Erfolg begnügen wollen. Gegen Westen reiten sie. Schon nähern sie sich der Grenze des Frankenreiches, als sie bei Morgengrauen die Verfolgten einholen.

Eine Schar von fünfzig Reitern stellt sich ihnen zum Kampf. Rusto hat die Zahl der Entflohenen unterschätzt. Er selbst ist ihnen mit nur zwanzig Berittenen gefolgt. Die fünfzig erwarten stehend den Angriff. Rusto und Jo galoppieren, ohne anzuhalten, ihren Reitern voran und rennen in tollkühnem Sturm gegen die Feinde. Da weicht die Furcht von den eigenen Männern und der Mut der größeren Schar wankt.
Nach kurzem Gefecht gewinnt Rusto mit seinen Leuten die Oberhand. Tapferkeit schlägt die größere Zahl. Als die Waage zu seinen Gunsten auszuschlagen beginnt, setzt bei den Feinden die Flucht ein. Zwanzig von ihnen bleiben auf dem Schlachtfeld. Auch eine Gesandtschaft der Franken, die in der letzten Nacht beim Fürsten zu Gast war, erliegt ihren Schwertern.
Rusto ist besorgt, dass dies den Groll des Frankenkönigs wecken könnte, - doch hat das Schicksal es so gewollt.

Er hätte die Verfolgung noch weiter fortgesetzt, wenn er nicht die Grenzen seines Reiches hätte überschreiten müssen. Ja, es ist nun sein Reich, in dem er sich befindet. Dieser Gedanke tröstet ihn über den nicht ganz vollkommenen Sieg hinweg. Mit anderen Augen als vor dieser Nacht sieht er die Menschen und Dörfer. Ähnlich wie in einem Mann, der Vater geworden ist, reift in ihm das Gefühl der Verantwortung.

Freilich bestieg er die Stufen zu solcher Höhe nicht in einer einzigen Nacht, wie es den meisten scheinen mochte. Seinem ewig regsamen Geist hat nicht die Fantasie gefehlt, um sein ärmliches Heim in einen Königspalast zu verwandeln; - und seine Gedanken und seine Gesinnung sind die eines Königs. Es passt also die Krone sehr gut zu ihm. Auch fehlt ihm nicht die Kraft, seine fantastischen Pläne in die Wirklichkeit umzusetzen. Was er sich erträumt hat, entsteht bald vor seinen Augen.

Jubelnd begrüßt die Bevölkerung ihren Befreier, als er mit seinem Gefolge, hoch zu Ross, mit flatterndem Helmbusch, durch die Dörfer reitet. Ein Lächeln zeigt sich auf seinem Gesicht, das trotz der Kämpfe und Anstrengungen der letzten Nacht und des Morgens eine königliche Würde ausstrahlt. Während die Reiter ermüdet, mit hängenden Köpfen, von Staub bedeckt und von Blut besudelt, hinter ihm her traben, erhebt er stolz sein Haupt. Man hätte glauben können, er sei soeben aus erquickendem Schlaf erwacht, wenn sich nicht an ihm die äußeren Spuren des Kampfes ganz deutlich gezeigt hätten. Blutbefleckt sind die Stiefel aus Ziegenhaut und auch das Lammfell, das seine Schulter bedeckt, ist rötlich gefärbt und zeigt die blutigen Spuren des Kampfes.

Wie er nun sieht, dass ihm all diese Menschen zugetan sind, wie er fühlt, dass sie auf ihn und auf ihn allein ihre Hoffnung setzen, da schwört er sich in seinem Innersten keinen von diesen in seinen Erwartungen zu enttäuschen. Er packt seine königliche Aufgabe sogleich mit Entschlossenheit an.

8. Kapitel Der neue König

Noch ehe er daran geht, sich einen Regierungssitz einzurichten, schafft er sich ein starkes Heer, das ihm treu ergeben ist. Es ist ihm bewusst, dass die Feinde nur den Mächtigen achten. Wenn er sich gegen Angriffe der umliegenden Königreiche und Völker schützen will, muss er diesen durch die Stärke seines eigenen Reiches Grenzen aufzeigen. Am leichtesten kann ja ein Reich von äußeren Feinden überrannt werden, wenn nach einem Umsturz der neue Herrscher noch nicht fest im Sattel sitzt und das Reich ohne Kopf daliegt. Dieser Gefahr begegnet Rusto als erstes, denn er sieht im Norden und Westen die aufstrebende Macht der Franken: Lüstern und stark genug sind sie, um sogleich dort zuzuschlagen, wo ein Nachbar eine Schwäche zeigt. Soeben haben sie das Reich Burgund verschlungen, das zufrieden damit nicht angegriffen zu werden, ein Opfer seines gierigen Nachbarn wurde. Gegen Osten muss er sich gegen die, in ihrer Stärke schwer zu schätzenden, Bajuwaren schützen. Die niedergehende Herrschaft der Römer, die im Süden krank und schwächlich vor dem völligen Untergang steht, begünstigt die Ausdehnung seines Reiches. Die alten Herren hinterlassen ein schwach geschütztes, von Unruhen geschütteltes Gebiet, in das nun schnell germanische Völker drängen.

Rusto ruft die tüchtigsten Männer zu den Waffen und bestimmt seine Freunde zu Heerführern. Begeistert folgen Unzählige diesem Ruf. Während ihnen einst der Dienst im Heer des römischen Fürsten schändlich schien, strömen sie jetzt zusammen, um unter der Herrschaft des Besten ihre Freiheit zu verteidigen. Jetzt sind die Tapfersten wieder die Ersten und Tüchtigkeit hat hohen Rang.
Waffenschmiede hört man im ganzen Reich bis spät in die Nacht hinein hämmern. Pferdehändler können nicht genug Streitrosse beschaffen. Schwerter, Lanzen und Pferde sind begehrt wie nie zuvor.
Während das Heer durch seinen ordnenden Geist, durch die vorbildliche Tapferkeit der Heerführer und durch die schonungslosen, täglichen Übungen ungeheure Schlagkraft gewinnt, lässt er einen Berg roden, der sich wie ein Sporn zwischen zwei zusammenlaufende Flusstäler seines Heimatdorfs schiebt. Auf ihm soll seine Königsburg entstehen, majestätisch und mit herrlichem Ausblick auf die umgebenden Täler und Höhen.

Rusto will nicht dort bauen, wo schon andere vor ihm gebaut haben. Er glaubt, dass er viel Schöneres und Herrlicheres und Großartigeres schaffen kann als all die Könige und Fürsten vor ihm, und deshalb verschmäht er es, zwischen den Bauten anderer seinen Wohnsitz zu errichten. In einer Burg will er leben, die nach seinen Plänen gebaut ist, und in der er sich wieder findet, wie in einem Spiegel. Rusto hat Wohlgefallen an sich und ist von sich überzeugt. Nichts scheint ihm schöner, nichts edler, nichts vollkommener als sein eigenes Wesen; und also beginnt er, das Reich nach seinem Willen zu formen.

Der Mittelpunkt und Königssitz seines Reiches wird die Burg, auf dem Berg, der sein Dorf überragt. Sie erhebt sich über das ganze Land und ist ein Abbild seiner königlichen Seele. Rusto bräuchte keine hohen Mauern und keine Festung, denn das Vertrauen und die Zuneigung der Menschen sind sein Schutz, auf den er sich verlassen kann, doch seine Vorsicht rät ihm dazu, sich vor Feinden zu hüten und so erbaut er sich eine trotzige Festung mit Wällen, Mauern und Gräben. Auch sein Bedürfnis, herauszuragen über andere, verlockt ihn, auf dem Berge zu bauen.

Zweihundert Stufen führen vom Dorf empor zur Burg, die auf drei Seiten durch steil abfallende Hänge geschützt ist. Zwei stolze Falken, mit ausgebreiteten Schwingen, bewachen auf Sockeln das Eingangstor, zu dem man nur über eine Zugbrücke gelangt. Gewaltige Quader aus Kalkstein machen die Burg uneinnehmbar für Feinde.

Prächtig und weit und hoch sind die Räume und Gänge im Innern, aber sie sind nicht mit Schmuckwerk überladen. Rusto liebt einfache, schmucklose Größe. Er will sich durch seine Taten schmücken. Was immer ihn umgibt, seine Burg, sein Dorf, sein Reich glänzt erst durch seine Anwesenheit. Der prächtigste Palast wäre nichts als ein Zeichen törichter Eitelkeit gewesen, hätte er nicht in ihm gewohnt.

Im Zentrum der Burg ist ein weiträumiger Saal, der auf beiden Längsseiten von je drei hohen Bogenfenstern erhellt wird. In der Mitte steht ein Tisch, eine Tafel aus kostbarem und wohl duftendem Lindenholz. Sechs Stühle, von Meistern des Handwerks gefertigt, weisen jedem der Freunde einen Platz zu. Rusto sitzt an der Stirnseite des Tisches und blickt gegen den Eingang des Saales. Er fühlt sich wohler, wenn sein Rücken geschützt ist. Auf der Lehne seines Stuhles, die sein Haupt weit überragt und sich nach oben zuspitzt, sitzt ein stolzer Falke mit ausgebreiteten Schwingen, - von Künstlerhänden geschnitzt.

Neben Rusto sitzt auf der rechten Seite der treue Jo. Neben Jo findet der schlaue Wolf seinen Platz. Auf der linken Seite sitzt neben dem gewaltigen Jorg der furchtbare Karl. Rusto gegenüber sitzt der adlige Udo.

Nach rastloser Arbeit während des Tages kommen die Freunde am Abend an königlicher Tafel zusammen und trinken aus goldenen Bechern den glutroten Wein ihres Reiches. Sie wissen sich gut in ihre Rolle als Fürsten des Reiches zu schicken, - und fürstlich ist auch ihre Sorge.

Sie beschließen die alte Römerstraße auszubauen und dort, auf der Hochebene über dem Dorf, an dieser Straße, nach altgermanischer Sitte, einen Gerichtsplatz anzulegen. Hier sollen, unter Rustos Vorsitz, in aller Öffentlichkeit, unter einer Linde, regelmäßige Versammlungen abgehalten werden und hier soll unter seinem Vorsitz, mit dem Beistand der Freunde, Recht gesprochen werden. So war es Brauch bei seinem Volk, von alters her.

Sie beraten auch über diesen und jenen Bau, der zum Nutzen oder zur Zierde des Reiches errichtet werden soll. Jo macht den Vorschlag, die vielen niedergebrannten und zerstörten Häuser mit Mitteln des Reiches wieder aufzubauen, um die Not der Menschen, die am meisten unter dem Wüten der Römer gelitten haben, zu lindern.

Der schlaue Wolf drängt, dass man auf dem gegenüber liegenden Berg eine Schule errichten solle und dass man von allen Ländern die besten Lehrer für die Kinder des Landes herbeirufe, damit einst das Reich durch die Früchte des Geistes geschmückt werde; deshalb erhielt der Berg auch den Namen der „Wolfsberg". Vielmehr vermag ja der Geist als das Schwert. Der furchtbare Jorg und der gewaltige Karl teilen diese Meinung nicht. Sie sind die tüchtigsten Heermeister. Gewiss hätten sie ihr Land in ein spartanisches Heerlager verwandelt, wenn sie allein geherrscht hätten. Eine adlige Seele hat Udo. Er ist um die Schönheit des Reiches besorgt und stimmt das eine Mal für den Bau eines Schlosses, das andere Mal für die Anlage eines Gartens oder einer Allee oder eines Brunnens. Die Meister der Kunst will er ins Land rufen. Ein paradiesischer Lustgarten wäre das Reich unter seiner Führung geworden.

Rusto hört schweigend an, was den Freunden am Herzen liegt. Er bedenkt alles wohl und entscheidet zum Gedeihen des Reiches. Rusto hat die Gabe das Leben nicht nur von einer Seite zu sehen. Er sieht, dass viele widerstreitende Kräfte befriedigt werden müssen, um allen gerecht zu werden und das Land in einem Zustand des Gleichgewichts zu erhalten. Er weiß, dass das Leben nicht einfältig, sondern vielfältig ist, und deswegen will er jedem die Möglichkeit geben, auf seine Weise der Gemeinschaft zu dienen und auf seine Weise glücklich zu werden.

Ein großartiges Fest soll die Thronbesteigung des Helden und die fürstliche Erhöhung der Gefährten besiegeln. Rusto glaubt, dass er das Volk durch prächtige Feste für sich begeistern kann. Es ist ihm bewusst, dass die Mehrheit der Menschen sehr wohl bereit ist, Opfer zu bringen, wenn man ihr auch Gelegenheit gibt, bei sinnesbetörenden Festen Gemeinschaft zu fühlen. Besser noch als Feste vermag aber einer die Menschen zu verbinden, dem alle vertrauen. Und Rusto war so ein Mann.

Im ganzen Reich trifft man nun Vorbereitungen für das Fest. Häuser und Straßen werden mit Kränzen und Blumen geschmückt. In fiebriger Begeisterung blicken die Alemannen dem ereignisreichen Tag entgegen. Es scheint, als würde jeder von ihnen an diesem Tag zum König gekrönt, so beglückt sind sie und solcher Eifer erfüllt ihr Gemüt. Da will jeder den anderen durch den Schmuck seines Hauses übertreffen, denn sie wollen dem König gefallen und sie wissen, dass er es versteht, von allen Häusern das schönste auszuwählen und den Besitzer für seine Mühen königlich zu belohnen.

Einen strahlenden Sommertag mit hellblauem Himmel schenkt die Natur dem glücklichen Herrscher bei seiner Thronbesteigung. Rusto ist ein Freund der Natur und er liebt sie, weil sie ihn mit großer Kraft beschenkt hat. Tiere und Pflanzen, - vor allem die Blumen erfreuen sein Herz.

Eine Unmenge Volkes strömt in seinem Heimatdorf zusammen. Die anderen Siedlungen des Reiches scheinen an diesem Tag wie ausgestorben. Mit Knecht und Magd, mit Ross und Wagen ziehen sie alle zu seinem Dorf, auf der breiten, prächtigen Königsstraße, die in neuem Glanz mit einer Allee von Bäumen bepflanzt wurde. Sie erlaubt es jedem, das Dorf des Königs von überall her, ganz schnell zu erreichen. Da staunen die einen über die fantastische Schönheit der Gärten, die um die beiden Seen auf der Ebene über dem Tal angelegt wurden; und andere sind begeistert von der majestätischen Burg, die sich auf dem Bergsporn über das Dorf erhebt.

Sie wären sogleich hierher gezogen, wären sie nicht an ihre Felder und ihr Heim gebunden gewesen. Alle sind sie begeistert von diesem Ort, und alle sind sie begierig den König zu sehen, der so viel Schönes und Großartiges zu schaffen vermag.

Schon längst hat sich das Volk um die Burg versammelt, wartet geduldig und schickt erwartungsvolle Blicke zum Eingangstor und zu den zwei Falken empor. Auch ein ganzer Schwarm von Krähen hat sich eingestellt und belagert die Zinnen der Burg, als sei er zum Schauspiel geladen. Endlich schwenken die beiden Flügel nach innen. Die fürstlichen Gefährten des Königs treten heraus und werden mit lautem Jubel begrüßt, aber wer von ihnen ist der König, denn alle fünf sind sie stattliche Gestalten. Allmählich klingt der Jubel ab und Unsicherheit macht ihm Platz. Da tritt Rusto zwischen die Freunde und jetzt beginnt haltloses Brausen und Toben. Es gibt keinen Zweifel mehr. Das ist der neue König. Mit zottigem Haar, in ledernem Panzer, tritt er hervor. Er hebt die Hand. Die Geister beruhigen sich.

Nach einer königlichen Festrede, in der er die Hoffnungen und Erwartungen eines jeden zu erfüllen verspricht, reicht ihm Jo die Krone. Er setzt sie sich selbst aufs Haupt, denn es ist niemand da, der dieser Ehre würdig gewesen wäre. Er nennt sich König der Alemannen. Wieder hört man Brausen und Toben.

Der neue König und die Fürsten setzen sich auf ihre Stühle vor dem Burgtor und erwarten den Aufmarsch des Heeres auf dem Vorplatz der Burg.

Da fällt ein finsterer Schatten auf das Licht des Tages. Ein Reiter sprengt blutüberströmt vor den König. Er stürzt vom Pferd. Ein Pfeil steckt in seinem Rücken. Der König und die Fürsten springen hinzu. Das Volk glaubt an ein Schauspiel. „Die Franken", stöhnt der Reiter, „sie haben die Grenze überschritten." Noch ehe der König zu fragen beginnt, stirbt der Mann. Das Fest ist zu Ende. Das Volk steht stumm da. Der König gibt den Freunden Befehle und ruft nach seinen Waffen und nach seinem Hengst. Das Volk kann bald nicht mehr an ein Schauspiel glauben.

Das Heer, das zur Parade bereit steht, wird in die Schlacht geführt. Die Schau wird zu bitterem Ernst. Die Soldaten werfen Blumen und Schmuck weg. Besorgte Minen legen sich auf ihre Gesichter. Der Tag der Bewährung ist gekommen, noch ehe man ihn erwartet hat.

9. Kapitel Die Bewährung

Der König zieht mit Jorg, Karl und den Reitern dem Feind so rasch wie möglich entgegen, um ihm Widerstand zu leisten, noch ehe er das Land verwüsten kann. Jo, Wolf und Udo folgen mit dem Fußvolk.

Schon neigt sich die Sonne gegen Abend, als Rusto, auf einem Hügel angelangt, in der Ferne das Heerlager der Feinde erblickt. Er lässt den Zug anhalten. Die Gegend ist leicht zu übersehen, da sie nur von niederen Büschen bewachsen ist. „Auf wie viel schätzt du sie", fragt er Jorg. „Es werden wohl an die fünftausend sein", antwortet der Gewaltige nach einem prüfenden Kennerblick. „Sie fühlen sich sicher; sie rechnen wohl noch nicht mit einem Gegenschlag", meint Karl. Jorg und Karl sind Meister des Heerwesens. Wenn nicht Krieg ist, dann drillen sie die Truppen, als stünde er vor der Tür.

Rusto lässt absitzen, nimmt selbst eine Schar von zwanzig auserlesenen Reitern und erkundet das Gelände. An diesem Tag kann keine Schlacht mehr geschlagen werden, aber die Stunden des Dämmerlichts will er nicht ungenützt lassen. Er umgeht ungesehen den Feind, prüft seine Stärke, sieht sich nach einem Schlachtfeld um, auf dem er ihn herausfordern will und stellt Gunst und Missgunst des Geländes fest.

Schon hat er sich einen Plan ersonnen, der den Franken Verderben bringen muss. Er ist entschlossen, sie bei der ersten Röte des Morgens in den Staub zu werfen. Rusto will den Nachbarn zeigen, dass man den neuen Herrscher nicht verachten darf. Der Frankenkönig soll ihn kennen lernen. Niemand darf Rusto ungestraft heimtückisch überfallen, wie es dieser verwegene Mann gewagt hat.

Inzwischen ist es finster geworden. Die Nacht ist kühl. Wachfeuer werden entzündet. Das Fußvolk hat sich bei der Reiterei gelagert. Im Zelt des Königs brüten die Freunde bei Fackelschein über dem Schlachtplan. Rusto erklärt ihnen das Gelände und seinen Plan.

Gegen Mitternacht lässt Rusto einen Teil der Reiter aufsitzen. Erstaunt, aber willig gehorchen die Männer. Jorg und Karl führen sie während der Nacht dem Feind in den Rücken.

Nur wenige können in dieser Nacht Schlaf finden. Zu nah ist der Feind. Rusto trägt Udo auf, die Wachen zu verdoppeln und die Gegend des Lagers durch Spähtrupps zu sichern.

Zusammen mit dem Bruder schnuppert Rusto die kühle Luft der Nacht. „Ob sie uns schon gesehen haben", fragt Jo. „Mach dir keine Sorgen Jo, morgen früh werden sie uns zu spüren bekommen", beruhigt ihn Rusto, „was aber werden wir tun, wenn wir gesiegt haben", fährt er fort, um die Gesinnung des Bruders zu erforschen. „Du darfst nicht schon an den nächsten Schritt denken, ehe du den einen mit Erfolg hinter dich gebracht hast", meint Jo. „Diese Kurzsichtigkeit ist eben ein Fehler der meisten Menschen. Man kann nichts Großes vollbringen, wenn man seine einzelnen Taten nicht im Hinblick auf ein Lebenswerk sieht." Nach diesen Worten Rustos trennen sich die Brüder, um vom Schlaf gestärkt, in die Schlacht ziehen zu können.

Noch ehe die ersten Strahlen der Sonne das Lager treffen, lässt Rusto zum Appell trommeln. Furcht erregend hallt das Dröhnen und bleibt auch den Feinden nicht verborgen. Die dumpfen Töne schmeicheln ihren Ohren nicht und mahnen auch sie zu den Waffen zu greifen. Man hört das Klirren der Schwerter, das aufgeregte Schwatzen der Krieger, das Wiehern von Pferden.

Rusto lässt sich seinen Schimmel bringen, teilt den Freunden die Abteilungen zu und lässt den Heereszug in Bewegung setzen. In einer Ebene, die ihm für den Vergleich der Kräfte günstig scheint, ordnet sich das Heer, nicht weit vom Lager der Feinde, zur Schlacht. Der Feind nimmt die Herausforderung an und lässt ebenfalls ausrücken.

Rusto reitet auf seinem Schimmel die Front seines Heeres ab. Erwartungsvoll stehen die Krieger in dichten Reihen und schicken ihre Blicke abwechselnd zum gegenüberstehenden Feind und empor zu ihrem König. Auf Fahnen und Schildern breitet ein stolzer Falke seine Schwingen aus, - schwarz auf rotem Grund.

Da zügelt Rusto sein Pferd, wendet sich den Soldaten zu und prägt ihnen die Gesinnung ein, die in diesem Kampf geeignet scheint, die Tapferkeit zu unterstützen und das Schwert zu schärfen: „Soldaten, ich zweifle nicht an eurem Mut und euren Fähigkeiten. Zu oft schon musste ich euch bei euren Übungen bewundern und ich weiß, dass ihr mich auch heute, bei der ersten Prüfung eures Könnens nicht enttäuschen werdet. Denkt aber vor allem daran, wofür ihr kämpft. Hinter euch stehen in Angst und Sorge eure Frauen und Kinder. Ihr seid die Verteidiger unseres eben erst befreiten und nun blühenden Reiches. Auf euch setzen alle ihre Hoffnungen. Werden wir besiegt, wird das Morden und Brennen von neuem einsetzen und das Joch der Knechtschaft wird euch niederdrücken wie nie zuvor und nicht die geringste Hoffnung auf Befreiung werdet ihr haben, wenn eine solche Macht wie die Franken euch unterdrückt. Mit einem Sieg aber eröffnen wir unserem Reich eine große Zukunft."

So redet er und entfacht feurige Streitlust. Die Soldaten brennen darauf, ihre neu geschmiedeten Schwerter im Blut der Feinde zu weihen.

Noch einmal ruft Rusto die Freunde und wen er sonst von den Tüchtigsten mit Namen kennt an, wendet sein Ross gegen den Feind, hebt das Schwert und beginnt den Sturm. Der Feind ist ebenbürtig und nicht zu verachten. Auch seine Reihen setzen sich in Bewegung.

Wie ein Löwe in eine Herde von Lämmern einbricht, wie er das eine um das andere mit festem Biss am zarten Genick packt und wie er sie schüttelt bis das jämmerliche Klagen verklingt, so dringt Rusto mit flatterndem Helmbusch in die Feinde ein und links und rechts stürzen blutende Männer vom Pferd in den aufgewühlten Staub.

Udos Lanze durchdringt einen feindlichen Helm, noch ehe die Heere aufeinander prallen und entreißt den Augen des Getroffenen das schwache Licht des anbrechenden Tages.

Jo treibt die Tüchtigsten an, das verwegene Vordringen des Königs zu schützen, der sich in seiner heißen Kampfbegier mehr in den Aufgaben eines Soldaten, als in denen des Feldherrn gefällt. Auf breiter Linie beginnt jetzt das Wogen der Kämpfenden.

Wolf hat sich von seiner Verwundung glänzend erholt und zeigt, dass er auch das Schwert mit Härte zu führen versteht. Furchtlos wühlt er unter den Feinden, als gelte es, versäumte Taten nachzuholen.

Da wankt der linke Flügel, den Udo zu befehligen hat, unter der drückenden Übermacht, die die Feinde dort in der Hoffnung eingesetzt haben, das alemannische Heer zu überflügeln. Schon beginnt der Fahnenträger die Flucht und zieht andere hinter sich nach, da durchbohrt ihn Udo mit seinem Schwert, - der Führer den eigenen Soldaten, - entreißt ihm die Fahne und trägt sie gegen den Feind. Beschämt wird auch den anderen wieder ihre Pflicht und ihr schändliches Verhalten bewusst. Mit doppeltem Eifer kämpfen sie jetzt gegen die Übermacht an und schlagen sich tapfer.

Am wildesten tobt die Schlacht noch immer um den König. Hier versuchen die Alemannen sich unter den Augen ihres Feldherrn an Tapferkeit zu übertreffen. Die Aussicht auf Ehre und Lob macht die Kühnen tollkühn. In blindem Eifer setzen sie ihr Leben ein und fürchten weder Lanzen, noch Schwerter, noch den Tod. Hier aber ist auch der Widerstand der Feinde am hartnäckigsten, denn die verlockende Ehre, dem König den tödlichen Stoß zu versetzen, ist gerade so stark, wie die Furcht vor seinen Verderben bringenden Schlägen.

Schon ist die Ebene mit Leichen übersät und der Boden mit Blut getränkt, schon ermatten auf beiden Seiten die Kräfte. Und die Hitze des ersten Zusammenpralls verdampft unter kühleren und gezielten Schlägen. Da fallen endlich die Reiter unter Jorgs und Karls Führung dem, zuerst ahnungslosen, dann völlig verwirrten Feind, in den Rücken, schneiden ihm den Fluchtweg zum Lager ab und hauen die bereits Erschöpften nieder.

Jetzt setzt die haltlose Flucht der Franken auf den Flügeln ein. Das ermutigt die Alemannen ihre Kräfte zu einem letzten verderblichen Stoß aufzubieten. Ein Fliehen und Jagen setzt ein. Pferde trampeln über Leichen, über Verwundete und Gestürzte. Jetzt fallen die Feinde mit Wunden im Rücken. In der Hoffnung ihr Leben zu retten, lassen sie Fahnen und Ehre und Tapferkeit auf dem Schlachtfeld, - zum Triumph der Sieger.

Die Reiterei setzt den Fliehenden nach und haut nieder, wer ihren Klingen nicht durch die Schnelligkeit seiner Beine entweichen kann. Wie Hasen sich unter Gebüsche ducken, um sich dem Blick des Jägers zu entziehen oder wie sie durch rasche Wechselsprünge nach links und nach rechts dem surrenden Tod des Pfeils zu entfliehen versuchen, so vertrauen die einen auf ihr Versteck und die anderen auf ihre Beine.

Die Gefangenen lässt Rusto in Ketten legen und übergibt sie dem Gewahrsam von Wächtern. Jetzt erst kann man die Größe der Schlacht und die Masse der Gefallenen schätzen. Da liegen die einen schreiend, mit abgeschlagenen Gliedern oder anderen Verwundungen, zwischen Toten und Halbtoten, zwischen röchelnden Pferden und allerlei Kriegsgerät. Da tut der eine, der wie leblos dalag, noch einen letzten aufbäumenden Seufzer und verschließt dann seine Augen vor dem glutroten Licht der untergehenden Sonne. Ein anderer stürzt sich in sein eigenes Schwert, um entweder den unerträglichen Qualen der Verwundung ein Ende zu machen oder um in Freiheitsliebe der Schmach der Gefangenschaft zu entgehen.

Von Schweiß triefen Mann und Ross. Schweiß und Blut vermengen sich bei den Siegern. Ermattet vom Kampf finden sie kaum die Kraft, sich über den Sieg zu freuen. Hier und dort lagern sie sich im spärlichen Schatten der Büsche, kaum noch fähig das Schwert zu halten.
Rusto aber lässt ihnen keine Zeit zu erholsamem Schlaf. Sogleich mahnt er, die Verletzten beider Parteien mit gleicher Sorge zu pflegen. Die toten Körper seiner tapfersten Soldaten aber lässt er in Fälle nähen und in die Heimat schicken, wo sie neben seiner Burg bestattet werden und wo ein Denkmal aus Stein errichtet werden soll, in das er die Namen der Gefallenen meißeln lässt. Hier soll für alle Zeit an ihre Tapferkeit erinnert werden.

Am Abend erweist man den gefallenen Helden durch ein prächtiges Begräbnis die letzte Ehre und Rusto lobt seine Soldaten: „Freunde, wir haben gesiegt! Eurem Heldenmut, aber vor allem der Tapferkeit der Männer, die unser Lob nicht mehr hören können, haben wir es zu verdanken, dass unser Reich die erste Prüfung seiner Stärke mit Erfolg bestanden hat. Wir alle werden für die Familien eines jeden Mannes sorgen, der hier für uns gefallen ist. Ewig soll ihr Name, in Stein gemeißelt, an ihre Tapferkeit erinnern und uns zu gleichem Opfermut auffordern. Wer aber von euch heute Großes vollbracht hat, soll auch geehrt werden."
Einen Tag gibt Rusto den Soldaten, um ihre Körper zu erholen und wieder instand zu setzen, was in der Schlacht beschädigt worden ist. Am Morgen des zweiten Tages bricht er auf und marschiert mit seinem Heereszug ins Reich der Franken. Er will den Geflohenen, unter denen sich auch der Frankenkönig befindet, keine Möglichkeit lassen, sich zu erholen und ein neues Heer aufzustellen.
Er ist zufrieden mit seinen Männern und glaubt, dass sie auch noch zu größeren Taten fähig sind. Auch den Kriegern selbst hat dieser Sieg Mut zu neuen Taten gegeben. Begeistert folgen sie ihrem König, der es versteht ein Beschützer des Reiches zu sein.
Rusto ist auch ein Mann, der die Menschen für sich gewinnen kann. Dies zeigt sich beim Einmarsch ins Frankenreich. Die Menschen, die sich nach der Niederlage ihres Königs ängstlich in ihren Häusern und Hütten verbergen, auf das gnadenlose Schicksal wartend, das nun über die Besiegten hereinbrechen würde, atmen auf, als die Sieger sie nicht mit Mord und Brand überfallen, sondern ihren Heereszug geordnet durch Dörfer und Städte führen, gerade so, als seien sie in friedlicher Absicht gekommen. Rusto hat es nur auf die Burg des Königs abgesehen, denn ist die Burg und der König gefallen, dann ist er auch König der Franken... und dafür, dass die Bevölkerung seine Herrschaft mit Wohlgefallen aufnehmen wird, will er sorgen.

10. Kapitel Die Belagerung

Der König der Franken und der Rest seines Heeres haben sich in der Burg, die uneinnehmbar scheint, auf eine lange Belagerung eingerichtet. Fässer mit Wein, Öl und Getreide und alles, was sonst noch nötig ist, um eine Belagerung durchzustehen, haben die Bauern in den letzten Stunden zur Burg schaffen müssen. Rusto ärgert sich, dass er nicht gleich nach der Schlacht in das Frankenreich eingebrochen ist. Er hätte die Festung in wenigen Tagen aushungern können. Nicht lange hätten sie ihm die Tore verschließen können, wenn sie nicht am Hungertod hätten zugrunde gehen wollen. Jetzt aber lachen sie höhnisch und frech hinter den Scharten ihrer Festung hervor, wie Mäuse, die sich darüber freuen, dass ihnen die Katze in ihrem engen Loch nichts anhaben kann, - und Speck haben sie genug.

Gerade das aber muss Rustos Ehrgeiz reizen und also geht er an ihre Belagerung, obwohl er nicht damit rechnen darf, dass sich ihm die Tore der Burg bald öffnen werden.

Tagelang hört man nun ein emsiges Hämmern und Schlagen in den Wäldern. Eichen und Buchen, die hundert Jahre lang die nährenden Stoffe der Erde bis hinauf in die letzten Spitzen des Gipfels gesogen haben, erliegen den Äxten der Krieger. In ihrem wuchtigen Fall schlagen sie die Erde, dass es nach allen Seiten hin staubt. Schwere Zugpferde von ungeheurer Stärke schleppen die Baumstämme zur Burg. Hier entsteht ein Wall rings um die Festung, der die Belagerer vor Ausfällen und Geschossen schützen soll. Rusto packt die Sache mit all seiner Hartnäckigkeit und mit gewohnter Strenge an.

Der schlaue Wolf lässt Wurfmaschinen bauen, die in weitem Bogen die schwersten Steine gegen das Gemäuer schleudern können und es dort auch in kurzer Zeit durchlöchern, wo es am schwächsten ist.

Den Mäusen wird bald bewusst, dass sie mit samt ihrem Speck in der Falle sitzen, denn da belagert sie einer, der nicht die Absicht hat, erfolglos wieder abzuziehen.

Die Tage der Belagerung sind für die Soldaten Tage der Erholung. Nur Rusto gönnt sich keine Ruhe, denn Rusto ist ein ewig tätiger Mann. Hätte er keinen Widerstand gefunden für seine Kraft, hätte er alles erreicht, was immer ein Mensch erreichen kann, und hätte es nichts mehr gegeben, was er hätte schaffen können, dann hätte er alle seine Werke zerstört und hätte sich daran gemacht, sie wieder aufzubauen.

Von der belagerten Burg aus schickt er täglich Boten mit Aufträgen in sein Reich, um den Bau eines Ehrenmals für die Gefallenen zu veranlassen, um diesen oder jenen Bau einzuleiten, um diese oder jene Anordnung zu treffen. Auch der Rat der Freunde wird während dieser Belagerung fortgesetzt. An königlicher Tafel schmeckt den Siegern der Frankenwein vortrefflich. Ja, Wolf glaubt sogar, dass er nie in seinem Leben besseren getrunken habe.

„Es stimmt mich unzufrieden, wenn ich das starke Heer, das doch nach Waffentaten verlangt, hier so müßig herumliegen sehe. Das kann ihm nur schaden", klagt Rusto und Jo beruhigt ihn: „Dir fehlt die Geduld, Rusto. Wir werden es erwarten, bis sie uns die Tore öffnen. Eines Tages geht selbst der größte Vorrat zu Ende und dann werden sie ihr höhnisches Lachen verlieren und sich bittend und bettelnd ergeben." „Solange brauchen wir gar nicht zu warten, denn an einer Stelle ist die Mauer schon fast eingebrochen. Dort können wir das Heer bald hineinführen. Dann werden wir sie ausräuchern, bis sie aus den letzten Löchern hervorkriechen", so sieht der gewaltige Jorg die Sache. Aber die Tage vergehen, ohne dass sich die Lage für beide Parteien sichtlich verändert. Weder ein Sturm auf die Burg, noch der Versuch, sie mit Brandgeschossen in Flammen zu setzen, hat Erfolg. Rusto wird unzufrieden.

In dieser Zeit kommt ein Überläufer von der Burg bei Nacht in das Lager der Alemannen. Dieser bietet sich an, die Besatzung der Burg zu verraten und den Alemannen, um den Lohn der eigenen Freiheit, heimlich die Tore zu öffnen. Die Freunde sind auch sogleich bereit, von dieser unerwarteten Hilfe Gebrauch zu machen, aber Rusto lehnt das energisch ab. Er will die Burg nicht durch die Hand eines Verräters bezwingen. „Das hieße ja, an seiner eigenen Kraft zweifeln", meint er. Vielmehr ist er entschlossen, ein Beispiel dafür zu geben, dass ein Verräter niemals auf Vertrauen hoffen darf.
Er lässt den Mann vor sich führen und einsperren. Wie der aber fragt, was er denn Schlimmes getan habe, wirft Rusto ihm vor: „Du hast zu dieser Partei gehalten, solange sie dir nützte, du sollst auch jetzt, da sie fallen muss, ihr Schicksal teilen." Da wissen sie alle, dass er die Burg bezwingen wird.
Aber Rusto selbst wird immer unzufriedener. Er sondert sich von den Freunden ab, pflegt immer seltener den Umgang mit ihnen, ja, er verschmäht sogar die abendlichen Gespräche und brütet nur noch über seinen Plänen.
Schließlich hat er das ereignislose Herumsitzen satt. „Ihr belagert die Burg", befiehlt er eines Tages den Freunden, „ich breche morgen früh mit einem Teil des Heeres auf!" Die Freunde verstehen nicht, was dieser Entschluss bedeuten soll. Warum will er wieder in die Heimat ziehen, wo man doch hier seine Kraft am meisten braucht? Aber Rusto hüllt sich in Schweigen. Er weiß, dass die Freunde nicht verstehen können, was er vorhat. Er zieht sich zurück in sein Zelt und verbietet den Wachen jemanden einzulassen. Dann nimmt er im stillen Zelt, allein mit sich, seine Pläne hervor und bedenkt alles noch einmal, was er sich schon so oft hat durch den Kopf gehen lassen. Rusto ist es gewohnt erst zu handeln, wenn er einen festen Plan gefasst hat und wenn er sich sicher fühlt, dass ihm ein Unternehmen gelingen wird.
Da sitzt er und vergisst die Burg, das Lager und sich selbst. Stunden vergehen und er merkt es nicht. So fest hält ihn sein Genius umschlungen. Rusto hat die Fähigkeit, sich für das, was er tut, zu begeistern. Selbst wenn er scheinbar Unbedeutendes tut oder sagt, gewinnt es an Bedeutung, weil er es tut oder sagt. Was Rusto anpackt, gedeiht allein schon deshalb, weil er es anpackt; und deshalb ist er am liebsten mit sich allein und erfreut sich an seinen Gedanken, an seinen Plänen und Taten. Wenn er mit weißer Gänsefeder Buchstaben auf Pergament kritzelt, spürt er, wie ihm ein eisiger Schauer durch die Glieder und über den Rücken fährt; so sehr liebt er jeden

24

Strich, den seine Hand ausführt. Da schreibt er der Reihe nach auf, wie er vorgehen will und was er bedenken will. Es scheint, als hätte er seinen ganzen Lebensplan im Kopf. Je mehr ihm aber gelingt, desto unerschütterlicher wird sein Glaube an sich. Es wächst in ihm die Gewissheit, auserwählt zu sein von den Göttern und vom Schicksal. Nichts scheint ihm mehr unmöglich. Er ahnte es erst und weiß es jetzt, dass er nicht einer von vielen, sondern dass er ein besonderer Mensch mit einem besonderen Auftrag ist. Die Geschichte hat auf ihn gewartet und ihm die Aufgabe zugewiesen, anderen Völkern das Glück seiner Herrschaft zu bringen, - wenn nötig mit Gewalt, schließlich handelt er in höherem Auftrag...und wenn er jetzt über seinen Plänen sitzt, dann ist ihm jeder ein Feind, der seine Tagträume stört.

An diesem Abend aber erträgt der Bruder die geheimnisvolle Spannung nicht mehr. Jo und die Freunde wollen wissen, was Rusto vorhat. Sie grollen dem König insgeheim, dass es nun schon so weit gekommen ist, dass er selbst ihnen, die doch seine Jugend geteilt und die ihm bei seinem Aufstieg mit all ihren Kräften geholfen haben, seine Pläne nicht mehr verrät. Dass er sich immer seltener mit ihnen berät und ihnen immer häufiger Befehle gibt, veranlasst sie, Jo zu ihm zu schicken. Er soll doch endlich sagen, was er will und sich nicht hinter Geheimniskrämerei verbergen. Sie selbst fürchten, ihn jetzt zu stören, weil sie wissen, wie reizbar er ist und wie wütend er reagiert, wenn man ihn aus dem Reich seiner Fantasie reißt. Jo aber, dem Bruder, der eine Sonderstellung bei ihm hat, würde er wohl manches nachsehen, was anderen seinen Groll einbringen musste. Auch Jo vertraut auf diese Hoffnung und geht mit sicherem Schritt zum Zelt des Bruders.
Während die Wachen noch zweifelnd überlegen, ob der Befehl des Königs auch für den Bruder gilt, hat der schon das Zelt erreicht, hat die Felle, ohne die Wachen zu beachten, zurückgeschlagen und ist eingetreten. Da fährt der König von seinem Sitz auf und schreit den Bruder an: „Was willst du! Hast du die Wachen nicht gesehen!" Noch nie zuvor ist Rusto dem Bruder in einem solchen Ton begegnet. Erstaunt über die Neuheit des Verhältnisses, verschlägt es Jo für einen Augenblick die Sprache. Die Männer starren sich an. Jo weiß nicht recht, ob er den Bruder oder den König vor sich hat. Da legt sich schließlich der Groll des Königs. Freundlichere Züge, die dem brüderlichen Verhältnis angemessen sind, zeigen sich auf seinem Gesicht und Jos Zunge löst sich wieder. „Was ist mit dir los, Rusto? Warum verbirgst du dem Bruder und den Freunden deine Pläne und entziehst dich unserer Gesellschaft? Sind wir es nicht mehr wert, deine Gefährten zu sein? Stehst du schon so hoch über uns, dass du nicht mehr unseren Rat suchst? Glaubst du uns nur noch Befehle erteilen zu dürfen? Willst du uns etwa wie stumme Werkzeuge behandeln? Hast du denn vergessen, dass du Männer zu Freunden hast, die ihre Ehre und ihre Freiheit über alles schätzen und die jeden Preis dafür bezahlen, um sich diese Güter zu erhalten?" Jetzt ist es Rusto, der schweigt. Nach einer Weile fordert er Jo auf: „Setz dich zu mir, Jo, und lass dir meinen Plan erklären!" Jo ist beruhigt über diese Wandlung zum alten Verhältnis hin und folgt in gespannter Erwartung der Aufforderung des Bruders.
Auf dem Tisch liegt eine Karte, in die der König alle Reiche in näherer und fernerer

Nachbarschaft eingezeichnet hat. In jedes der Reiche hat er eine Jahreszahl geschrieben, die auf die Zukunft verweist. In den Reichen, die in unmittelbarer Nachbarschaft des Alemannenreiches liegen, steht die Jahreszahl dieses oder des nächsten Jahres und je weiter entfernt die Reiche liegen, auf eine desto fernere Zukunft verweisen die Zahlen. „Was hat das zu bedeuten", fragt Jo und Rusto erklärt ihm seinen Plan: „Von allen Reichen, die uns umgeben, haben wir das stärkste und tapferste Heer. Niemand kann ihm Widerstand leisten, alle werden sich ihm beugen müssen. Die nächsten, die seine Stärke zu spüren bekommen, werden die Thüringer sein. Du siehst an dieser Jahreszahl, dass wir sie in diesem Jahr noch niederwerfen müssen. Die Thüringer aber sind schwach und das Jahr neigt sich schon gegen sein Ende, deshalb werde ich morgen mit einem Teil des Heeres aufbrechen und sie unter die Herrschaft unseres Reiches bringen. Ich kann hier nicht mehr kostbare Zeit vergeuden."

Jo stutzt und will seine Einwände und Bedenken gegen das Unternehmen vorbringen, doch lässt ihn Rusto nicht zu Wort kommen und fährt fort: „Wenn wir die Thüringer unterworfen haben, dann sind die Sachsen die nächsten in der Reihe, denn die Sachsen sind die Nachbarn der Franken und Thüringer und wenn sie an die Reihe kommen, sind es bereits unsere Nachbarn. Wenn die Sachsen zu unserem Reich gehören, dann sind wir am Meer und werden Schiffe bauen und zu jener verlockenden Insel hinüberfahren, die man Britannien nennt. Die Inselbewohner sind sehr tapfere Krieger, wenn wir sie für uns gewonnen haben, sind wir stark genug, um uns all die Völker an der Küste des Meeres zu unterwerfen....."

Er hätte an diesem Abend noch manches von seinen Plänen erzählt, wenn nicht ein gewaltiges Donnern und Poltern seine Ausführungen unterbrochen und die Brüder aufgeschreckt hätte. Jorg stürzt ins Zelt und stammelt mit freudig erregter Stimme: „Die Burg, sie fällt heute noch!" Wie die Brüder hinaustreten und ihre misstrauischen Blicke zur Burg empor werfen, erkennen sie die sichtlich zu ihren Gunsten veränderte Lage. Der hohe Turm über dem Eingangstor ist unter dem hartnäckigen Beschuss der Schleudermaschinen zusammengebrochen und hat die Mauer in breiter Front niedergerissen. Schon führen Karl und Udo Abteilungen des Fußvolkes gegen die entstandene Öffnung empor, um die günstige Gelegenheit im Augenblick des Entstehens zu nützen.

Jetzt aber nimmt sogleich der König die Führung in die Hand und gibt den Bogenschützen Anleitungen, den Angriff der Stürmenden durch einen Pfeilhagel zu decken. Unter dem Beschuss der Burgbesatzung kommen Karl und Udo nur langsam und unter schmerzlichen Verlusten voran, zumal das Gelände für sie äußerst ungünstig ist. Sie müssen den Berg empor stürmen, während die Insassen der Burg von hohen Mauern herab und mit dem Mut der Verzweiflung ihre Pfeile abschießen. Sie ahnen, dass ihre letzte Stunde geschlagen hat. Jetzt setzen sie alles auf eine Karte.

Sie wälzen den Stürmenden Steine und Holzstämme und was immer geeignet scheint, den Angriff zu bremsen, entgegen. Diese schützen sich - so gut wie möglich - durch ihre Schilde gegen den Pfeilhagel und lockern ihre Reihen auf, um den Steinbrocken, die Gebüsch und Strauchwerk überrollend, auf sie zu poltern, ausweichen zu können. Nicht wenige aber müssen unter den Steinen ihr Leben lassen. Wenn sie dem einen gerade glücklich entronnen sind, trifft sie, während sie noch ihrem vermeintlichen Unheil mit klopfenden Herzen nachblicken, ein anderes und reißt sie zu Tal.

Udo und Karl trotzen dem Berg und den Geschossen, ziehen ihre Abteilungen keuchend von Sturm und Aufstieg hinter sich nach und dringen schließlich durch die Öffnung in die Burg ein. Hier entbrennt nun ein blutiges Gefecht. Die Stürmenden sind im Nachteil durch die Anstrengungen, die sie bereits hinter sich haben, aber ihr Strömen durch die Öffnung scheint nicht abzureißen, denn der König hat jetzt alle, die Waffen tragen können, empor geschickt, um die Tapferkeit der ersten mit dem sicheren Sieg der größeren Zahl zu krönen. Bald setzen die Geschosse von der Burg auf die Heranstürmenden aus, weil den Schützen jetzt ein näherer Feind droht. Mancher von ihnen fällt vom Turm. Udos und Karls Mannen sind ihnen behilflich, die Furcht vor einem solchen Sturz zu überwinden.

Jetzt dringt auch Rusto mit den übrigen Gefährten in die Burg ein und jetzt werden auch Gefangene gemacht.

Udo hat sich in einen Zweikampf mit dem Frankenkönig eingelassen. Niemand will ihm den Triumph des Sieges nehmen, deshalb steht ihm auch keiner seiner Männer bei. Der Frankenkönig ist ein gewaltiger Kämpfer. Kein anderer hätte sich mit ihm ungestraft im Zweikampf messen dürfen. Funken sprühen beim Zusammenklirren der Schwerter. Da haut ihm Udo unter Aufwand all seiner Kraft in einem Schlag nach links das Schwert aus der Hand und trennt ihm mit der Wucht des Gegenschlags den Kopf von der Schulter. Weithin rollt das königliche Haupt über den Burghof.

Wie die Franken ihren König fallen sehen, senken sie die Schwerter und ergeben sich Rusto. Dieser nimmt sie, da nun ihr König tot ist, in Gnaden auf und macht sie zu Kämpfern in seinem eigenen Heer. Rusto ist König der Franken.

Das Siegesfest wäre ungetrübt gewesen, wenn nicht der unglückliche Wolf durch einen feindlichen Schwerthieb einen Arm verloren hätte. Die Freunde sprechen ihm Trost zu. Wolf trägt den Schicksalsschlag wie ein Mann und Rusto macht ihn zum Fürsten über das Frankenreich.

Die Burg wird wieder befestigt. Wolf, nun Burgherr, erhält einen Teil des Heeres, um seine Herrschaft behaupten zu können. Rusto gibt ihm Anweisung, das Land nach seinen Plänen zu verwalten.

Zuerst sträubt sich Wolf gegen diese burgherrliche Würde, da er sich nun von den Freunden getrennt sieht, doch begreift er schließlich, dass es für ihn, den Einarmigen, der sich zudem lieber mit dem Kopf, als mit dem Schwert bewährt, schwerer sein würde, in weiteren Kämpfen seinen Mann zu stehen, als bei der Verwaltung einer Burg und dieses Landes. So fügt er sich denn in sein verändertes Schicksal und beginnt im Frankenreich nach Rustos Plänen zu wirken.

11. Kapitel Die Eroberung

Rusto bricht mit dem Heer auf und marschiert nicht in die Heimat, wie zuerst alle annahmen, sondern nach Osten, gegen das Reich der Thüringer. Schon wundern sich die Soldaten und die Freunde, außer Jo, über die Richtung seines Marsches, als er vor der Grenze des Thüringerreiches lagern lässt und eine Heeresversammlung einberuft. Hier erklärt er den Soldaten Folgendes: „Ihr sollt euch nicht länger über unseren seltsamen Weg wundern. Es geht nicht in die Heimat, sondern gegen das Reich der Thüringer. Längst drohen sie uns mit ihren Waffen und warten nur auf eine günstige Gelegenheit, um unser Reich zu überfallen. Ich bin entschlossen jetzt, wo wir stark genug und im Kampf erprobt sind, dieser Gefahr zu begegnen. Niemals könnten wir in Ruhe und ohne Furcht in unserem Reich leben, solange wir diese nicht besiegt haben. Sind sie uns aber untertan, dann wird unser Reich endlich, in seinen Grenzen gesichert, im Inneren erblühen können. Nehmt also diese letzte aller Mühen in dem Gedanken auf euch, dass ihr euch damit gefahrlose Ruhe und Wohlstand sichert!" Das verstehen die Soldaten und jubeln Rusto zu, der in solcher Voraussicht für sie sorgt.

Die Thüringer aber haben längst bemerkt, dass der neue König der Alemannen, dessen Name nun schon durch alle Länder und Reiche geht, mit seinem Heer gegen ihr Land marschiert. Da sie von seinen gewaltigen Waffentaten und seinem Ehrgeiz hörten und da sie einsehen, dass sie seinem Heer und seiner Tapferkeit nichts Gleichwertiges entgegenstellen können, schicken sie eine Gesandtschaft zu ihm.

Rusto empfängt die Gesandtschaft, von königlichem Glanz umgeben, mit seiner Krone geschmückt, in Gegenwart einer Abteilung Soldaten. Er selbst sitzt auf einem Sessel, auf erhöhtem Podest. Links und rechts von ihm stehen je zwei seiner Freunde. Rusto will bei den Gesandten einen Eindruck von seinem Königtum hinterlassen. Als er das Zeichen gibt, dürfen die Gesandten vor den König treten und stehend ihr Anliegen vorbringen.

Und also beginnt einer der Gesandten: „Der König der Thüringer grüßt den König der Alemannen und Franken!" „Der Gruß gefällt mir", fühlt sich Rusto geschmeichelt, „nur wird er nicht mehr lange König sein. Aber fahrt fort, was will der Mann von mir?"

Der Gesandte trägt die Botschaft seines Königs vor: „Unser König lädt den König der Alemannen und Franken zu einem Freundschaftsfest ein und bietet ihm seine Tochter zur Gemahlin an. Da unser König keine Söhne hat, soll das Reich Euch gehören, sobald er gestorben ist." Das scheint ein vortreffliches Angebot und Rusto erwidert: „Die Gnade eures Königs rührt mich sehr. Meldet ihm: Ich werde kommen und wenn er es versteht, mir zu gefallen, dann werde ich ihm sein Königreich schenken." Die Gesandten verbeugen sich und ziehen sich zurück.

Rusto geht in sein Zelt und lässt Jo zu sich rufen. „Kennst du die Königstochter", fragt er und Jo bestätigt seine Erwartungen „Ich habe gehört, dass man ihre Schönheit und ihre Tugend lobt. Sie wird dir bestimmt gefallen und dich auf andere Gedanken bringen, vielleicht darauf, dass die Liebe das Leben lebenswert macht und der Krieg es nur zerstört." „Wir werden sehen", erwidert Rusto ganz verdutzt, „ich will mir die Schöne genau anschauen und wenn sie es wert ist, bleibe ich länger als geplant."

In dieser Zeit wird das Verhältnis zwischen Udo und Jo immer gespannter, denn Udo hegt Neid gegen Jo, weil Jo bei Rusto eine Sonderstellung hat. Es scheint Udo wohl erträglich, dass Rusto, der Stärkere, über ihm steht, dass der ihm aber Jo, den Gleichstarken, vorzieht und seinen Rat verschmäht, erregt seinen Groll. Der furchtbare Jorg und der gewaltige Karl sind Haudegen mit einem dickeren Fell. Sie nehmen es dem König nicht so übel, wenn er sich nicht mehr, wie früher, ihres Rates bedient oder wenn der Rat des Bruders schwerer wiegt als ihre Stimme. Es ist ihnen genug, dem König durch Waffentaten zu dienen. Sie sind zufrieden mit ihm. Aber Udo hat eine adlige Seele und deshalb nimmt er es Rusto übel, dass er den Bruder begünstigt und er immer mehr in den Hintergrund gerät.

Ehe das Heer in das Thüringerreich einzieht, wählt Rusto von allen Truppenteilen die hundert besten Männer aus und bildet aus ihnen seine Königsgarde, die sich im fremden Land und für alle Zukunft in seiner Nähe aufhalten und ihm Schutz bieten soll. Rusto ist vorsichtig. Er will sich nicht durch das freundliche Angebot des Thüringerkönigs einschläfern und überrumpeln lassen. Er mahnt die Soldaten zu gespannter Aufmerksamkeit beim Einmarsch und schickt Reiter voraus, die die Lage erkunden sollen.

Rusto reitet, von seiner Königsgarde und von königlichem Glanz umgeben, in das Thüringerreich ein. Die Straßen säumen winkende Menschen, als gelte es einen Freund und nicht einen Eroberer zu empfangen. Kinder bringen ihm Blumen des Landes, - und Rusto liebt Blumen. „Der König versteht es tatsächlich, mir zu gefallen. Der Aufwand schmeichelt mir. Der Mann weiß was ihm nützt", sagt Rusto zu Jo, der neben ihm zu Pferde sitzt und dieser gibt zurück: „Lass doch dem König sein Reich, er wird es gut für dich verwalten, lange lebt er ohnehin nicht mehr." „Wir wollen sehen, was er mir zu bieten hat", antwortet Rusto. Er ist begierig, die schöne Luise mit eigenen Augen zu sehen.

Rusto erfreut sich daran, schöne Menschen und Dinge lange zu betrachten. Es genügt ihm nicht, wenn andere von der Schönheit einer Frau berichten, denn Rusto vertraut nur seinen eigenen Sinnen. Wenn er etwas Schönes sieht, dann will der sonst unermüdlich Vorwärtsstrebende in Betrachtung verweilen. Vieles was die Augen anderer nicht beachten, findet er schön, denn er sieht sein eigenes Spiegelbild in den Dingen und er hat die Fähigkeit ihnen Eigenschaften anzudichten, die andere scheinbar nicht sehen.

Nicht weit vom Hofe des Thüringerkönigs kommt ihm dieser mit einer Abteilung

Reiter entgegen, wie es sich für einen Gastgeber gehört. Beide Könige sitzen sich zu Pferde gegenüber. Da begrüßt der alte, seinem Lebensende sich nähernde König den jungen Helden: „Es ist mir eine Ehre, den König der Alemannen und Franken in meinem Reich zu empfangen." Und Rusto erwidert den Gruß: „Noch wissen wir nicht, ob es Euer Reich bleiben wird, doch scheint Ihr mir in der Gesinnung zu begegnen, die es Euch belässt. Bevor ich aber meine Entscheidung fälle, will ich die Blume dieses Reiches sehen." Darauf führt er sein Pferd an ihm vorbei, ohne ihn weiter zu beachten.

Rusto kommt als Herr mit starker Macht in dieses Land und weiß sich wie ein Herr in ihm zu fühlen. Auf erhobenem Haupt glänzt die Königskrone und seine Schultern bedeckt ein purpurner Umhang, auf dem ein schwarzer Falke stolz seine Schwingen hebt.

Mit Trompetenschall wird Rusto bei Hof empfangen. Auch dieser König versteht es, Hof zu halten. Prächtige Bauten umschließen einen Burgplatz, auf dem ein dutzend Köche sich anschicken, dem Gaumen der Gäste zu schmeicheln. Ganze Ochsen werden, triefend von Fett und kostbaren Ölen, über vielen Feuern gebraten. Der Wohlgeruch würzig duftender Speisen und der Anblick von Meisterhand zubereiteter Leckerbissen lässt den Speichel der hungrigen Männer fließen. Fässer mit Wein werden herbei gerollt. Trauben, Birnen und Äpfel liegen im Überfluss auf den Tischen und verlocken die Reiter von ihren Pferden zu steigen. Sie können solch einladenden Schmeicheleien nicht widerstehen. Bäcker bringen jetzt frisches Brot, das noch von der Hitze des Ofens dampft. Die Düfte von Fleisch und Wein und Brot vermengen sich zu einem unwiderstehlichen und berauschenden Gemisch. Schon sitzen die Soldaten an den Tischen, zanken sich um den besten Platz und um die Speisen, bis sie endlich merken, dass genug vorhanden ist, um alle Mägen zu füllen. Der Schweiß, der ihnen von der Stirne läuft, mischt sich in den Mundwinkeln mit fetten Ölen, wenn sie behaglich knurrend, vornüber gebeugt, an ihrer Keule nagen. Diener bringen jetzt auch Geflügel herbei, Hühner, Enten und Tauben. Hunderte der geflügelten Tiere haben unter dem Schlachtmesser ihre Federn lassen müssen, um, braun gebrannt und gewürzt, die längst überfüllten Mägen noch vollends zu stopfen. Erst als die verschlungenen Speisen, halb verdaut, gegen die Öffnung des Mundes zurückzufluten beginnen, halten es manche für gut, nicht mehr allein den Augen zu vertrauen.

Rusto hat sich mit den Freunden an königlicher Tafel niedergelassen. Abseits von den barbarischen Fressern. Und da geschieht es, worauf er solange ungeduldig gewartet hat. Da kommt sie, die Blume des Reiches, umgeben von anderen Blüten. Unübertrefflich ist ihre Schönheit, betörend die Anmut ihres Schrittes, verführerisch die zarte Weiblichkeit.
Rusto verharrt einen Augenblick in starrem Betrachten und würgt dann seinen Bissen hinunter. Der König der Thüringer stellt ihm die Tochter vor. Und da stehen sie

sich zum ersten Mal gegenüber, tasten sich mit den Augen ab und finden Wohlgefallen aneinander.

Rusto gefällt die zarte Weiblichkeit und die Sanftmut der Frau, deren langes, goldenes Haar in der Mittagssonne glitzert. Auch ihre Blicke verraten ihm Gunst und Zuneigung.

Rusto liebt die Gefahr, die Eroberung und das Spiel mit dem Feuer; dass hier einige Funken sprühen werden, fühlt er, aber welcher Brand daraus entstehen soll, kann er noch nicht ahnen.

Sie setzt sich in einiger Entfernung von ihm zu ihren Begleiterinnen an den Tisch. Rusto gefällt es, mit welcher Anmut die Königstochter ihre Lider niederschlägt, wenn sie einen verstohlenen Blick zu ihm hinüber wirft und seinen starr auf sie gerichteten Augen begegnet oder wenn sie die wohl proportionierten Bissen mit zarter Hand zwischen die leicht geöffneten Lippen schiebt und sie unmerklich zerkaut. Sinnlich und besinnlich ist sie. Wie eine Blume keine Stimme nötig hat, um die emsigen Bienen zu locken, so wenig hat sie es nötig, durch vieles Reden aufzufallen.

Die Soldaten schlagen ihre Zelte in der Nähe auf. Rusto gibt ihnen zu verstehen, dass sie sich auf einen längeren Aufenthalt einrichten sollen. Das gefällt ihnen auch, denn am Königshof speist man vortrefflich.

Rusto, die Freunde und die Königsgarde finden im Palast Unterkunft. Ein ganzer Flügel mit weiten Räumen wird ihnen zugewiesen. Rusto ist mit seinem Gastgeber zufrieden und lässt es ihn in freundlicheren Gesprächen spüren. „Ihr versteht es wahrhaft König zu sein", schmeichelt er dem Thüringerkönig und dieser antwortet erleichtert: „Dann begreift Ihr auch, warum ich es gerne bleiben möchte." Und Rusto verspricht: „Nur keine Angst, Ihr werdet König bleiben, bis zu Eurem Tod." Bei diesen Worten wird es dem König wieder wohl ums Herz. Wie ein Freund reicht er dem Eroberer jetzt die Hand und lädt ihn ein, beim morgigen Wettkampf das Schwert mit den besten Recken seines Reichs zu kreuzen.

Beim Morgenrot schallen die Trompeten und rufen die Helden zum Kampf. Von überallher kamen sie hier am Hof zusammen. Berühmt sind ihre Namen und jeder weiß von ihren Taten zu berichten. Aufgeregt, mit pochendem Herzen, treten sie zum Zweikampf an. Es lockt die Ehre und die Gunst der Frauen, die dem Sieger winken.

Der furchtbare Jorg hat schon einen Mann gefunden, der ihm ebenbürtig scheint. Mit Lanzen bewehrt, stehen sich die Streiter auf ihren Rossen gegenüber. Noch ein letzter Blick hinüber zur Tribüne, wo die Könige sitzen und die edlen Frauen und schon stürmen sie aufeinander los, vornüber gebeugt und die Lanze fest mit dem Ellenbogen an die Seite gedrückt. Jorg, der Gewaltige, bohrt seine Lanze in des Gegners Schild und reißt ihn aus dem Sattel. Die Alemannen toben auf ihren Plätzen und feuern den Mut ihres Kämpfers an. „Oh Schande", denkt sich der Gefallene, „das lass ich mir nicht bieten!" Er steht auf und zückt sein Schwert. Jorg lässt seine Lanze fallen, steigt von seinem Ross und geht dem Mann entgegen. Der hat nun einiges gut zu machen und schlägt wie ein Besessener um sich. Doch unempfindlich wie ein Bär lässt sich der Gewaltige die vielen Schläge gern gefallen und ermüdet seinen Gegner. Schließlich haut er ihm mit seiner Bärenpranke das Schwert aus der Hand. Weit fliegt es durch die Luft und bleibt zitternd im Boden stecken. Gnade! Der Kampf ist aus. Es ist nur ein Wettkampf.

Dem Sieger gehört der Ehrenkranz. Die Alemannen heben Jorg auf die Schultern und tragen ihn unter Jubelrufen durch die Arena.

Jetzt kann auch Rusto nicht mehr länger still zusehen, wie andere sich am Streit ergötzen. Er ruft nach seinen Waffen und nach seinem Hengst. Er besteigt den Schimmel und stellt sich in die Mitte des Kampfplatzes. Schweigen tritt ein, wie sie den König nun als Streiter sehen. „Wer von euch, ihr edlen Helden, wagt es, meiner Kraft zu trotzen?", so fordert er heraus und blickt sich um im weiten Kreis. Da schweigen alle, keinen Rufer hört er. Schließlich verkündet der Thüringerkönig: „Wer in diesem Kampfe siegt, soll meine Tochter als Gemahlin heimführen." So meldet er und hofft, der Sieger möge Rusto heißen und wieder in die Heimat ziehen. Gern hätte sich jetzt Udo erhoben, denn auch ihm gefällt die schöne Luise, doch das ist nicht angebracht. Roderich, der Tapferste im weiten Land und hoch gerühmt, wagt es endlich mit dem Glück zu spielen. Ein Hochruf erhebt sich bei den Thüringern, doch insgeheim bedauern sie den Übermut des kühnen Recken. Die Pferde scharren noch kurz vor dem Start und dann geht es los. Der erste Angriff ist unbedeutend, doch schon wenden sie die Rosse. Beim nächsten Stoß treffen beide des Gegners Schild mit ihrer Lanze. Die Pferde bleiben beieinander stehen. Die Reiter drücken lange hin und her. Rusto hat schließlich das Drücken satt. Er wirft seine Lanze weg, zieht mit der freien Hand sein Schwert, zerhaut des Gegners Lanze, seinen Schild und auch den Mann. Der Mann ist tot. Ein Unfall, wie er bei solchen Kämpfen nicht selten war. Wieder jubeln die Alemannen: „Hoch lebe der König!" Auch die Thüringer winken dem Sieger, - auf ihres Königs Veranlassung. Und Luise, - sie schweigt. Es jubelt nur ihr Herz.

Am nächsten Tag reiten die Könige und ihr Gefolge hinaus zur Jagd. Auch Luise ist mit dabei. Rusto sucht ihre Nähe, denn sie hat in ihm ein Feuer entfacht. Schon lange hat er nicht mehr die Freuden der Jagd genossen. Die Kämpfe und der Aufbau seines Reiches ließen ihm keine Zeit dazu. Erst jetzt, in Gegenwart der schönen Luise, findet er zu seiner Jugendfreude zurück. Gemeinsam hetzen sie das Wild und teilen sich die Beute. Rusto gab seinen Gefährten einen Wink, ihn bei günstiger Gelegenheit mit Luise allein zu lassen. So verlieren sie schließlich ihr Gefolge und finden sich zu zweit allein in tiefen Wäldern.

Und dort kommt Rusto schnell zur Sache: „Nun, dein Vater versprach mir deine Hand und da du mir gefällst, drum nehm ich sie." Luise verstummt über diese kühne Offenheit. Man hört doch immer, dass Freier ganz langsam, nach und nach die Nöte ihres Herzens künden. Der Held ist frech und scheint viel Mut zu haben. „Glaubst du mich etwa schon bezwungen", fragt sie. „Ich bin es gewohnt eine Festung im Sturm zu nehmen und habe es noch nie erleben müssen, dass mir eine trotzt", gibt Rusto ihr zurück. „Was tätest du, wenn du es in diesem Fall erleben müsstest", forscht sie in ihrem königlichen Stolz. „Ich würde sie belagern, bis die Mauern fallen", antwortet Rusto. Luise schweigt. Ein Lächeln sagt ihm alles.

Beim Mahle sitzen sie nun beieinander. In Gärten wandeln sie und jagen in den Wäldern. Der Sommer kommt, der Sommer geht. „Das ist mein Mann", denkt sich Luis' „der muss mir bis zum Tod gehören; den lass ich nicht mehr los." Sie drängt den Bund mit ihm so rasch wie möglich zu besiegeln. Sie webt ihm Kleider, die ihn stets und überall an sie erinnern. Sie gibt zur Jagd ihm Speisen mit, dass er bei jedem Bissen an sie denkt. Wenn er erschöpft nach Hause kommt, empfängt sie ihn mit warmen Küssen und er gibt ihr Geborgenheit. Sie weckt ihn morgens auf mit sanfter Hand und sättigt seinen wachen Blick mit allen ihren Reizen.

Das wär das Glück gewesen, das man träumt, doch war ein anderer Weg längst vorbestimmt, durch seine Kraft, die ständig in ihm schürte, die nie und nimmer Ruhe gab.

Während sie nun an die Hochzeit denkt, muss Rusto seinem Schicksal folgen. Er zeigt die gleiche Unzufriedenheit, wie einst bei der Belagerung der Burg. Schließlich ruft er die Freunde zu sich und ermahnt sie: „Wir müssen unsere nächsten Schritte tun, sonst verlernen wir das Laufen. Zu lange sitzen wir schon hier; dich, Jorg, hab ich bestimmt, mir dieses Land zu verwalten. Der König mag ruhig König bleiben, doch du sollst der Beherrscher dieses Landes sein. Wir anderen ziehen weiter, dorthin, wohin ich euch führen werde." Jorg ist nicht einverstanden. Er möchte bei seinem Freund und König bleiben und ihm bei seinen Kämpfen dienen. Da erweist sich Udo als ein hilfsbereiter Gefährte. Er springt für Jorg ein: „Lass mich hier Rusto, wenn ich dir damit dienen und Jorg einen Gefallen erweisen kann." Rusto, der das gespannte Verhältnis zwischen Jo und Udo bemerkt hat, kommt dieser Vorschlag gerade recht. Damit können die Kampfhähne getrennt werden, noch ehe ein offener Streit ausbricht. Udo soll in Thüringen bleiben und erhält einen Teil des Heeres. Aber Udo hat noch einen anderen Grund, - es gefällt ihm die schöne Luise.

12. Kapitel Der Abschied

Die Tage vergehen. Das Heer rüstet zum Aufbruch. Ein geschäftiges Treiben beginnt im Lager. Die Männer, die lange müßig dagelegen haben, raffen zusammen, was ihnen gehört. Waffen, Zelte und anderes Kriegsgerät werden auf die Wagen verstaut. Wie Ameisen, die durch einen zerstörenden Feind in wilde Aufregung geraten sind, laufen und rennen die Krieger jetzt durcheinander, um das eine oder andere noch zu besorgen. Tränen fließen bei vielen Frauen, da die Soldaten schon zu lange im Lande weilen. Es wimmelt von Männern und Pferden. Das ganze Lager gerät in Bewegung.

Auch Luise bleibt das rege Treiben nicht verborgen. Sie fühlt, sie ahnt, sie wittert mit dem Spürsinn einer Frau. Noch weiß sie nicht, noch kann sie nicht glauben, was der ewig tätige Mann vorhat. Schließlich erträgt sie die Ungewissheit nicht mehr: „Rusto, was hat es zu bedeuten, dass deine Männer sich rüsten?" So bedrängt sie den Geliebten, - doch Rusto schweigt, da er der Liebenden nicht das Schwert ins Herz zu stoßen vermag. In ihr jedoch wächst das Unfassbare zur Gewissheit heran. Sie drängt den Mann und gebraucht all die Waffen und Künste der Frau, um ihn von seinem Vorhaben abzubringen. Sie umspinnt ihn mit dem zartesten Garn ihrer Liebe und versucht, ihn in ihren Netzen festzuhalten. Alles gibt sie ihm, was nur ein Mann von einer Frau sich wünschen darf.

Eines Tages steht das Heer bereit. Die Pferde stampfen unruhig auf dem Pflaster des Hofes, Männer ordnen sich in ihren Abteilungen ein. Auf ihrem Rücken tragen sie das fest verschnürte Gepäck. Sie warten nur noch auf den König. Der betritt die Gemächer der liebenden Frau und sieht, wie sie daliegt auf ihrem königlichen Lager aus Purpur und Seide. Unfähig auch nur ein Wort zu sprechen, hört er nur ihr Schluchzen und sieht ihre feuchten Augen. Wie sie den Geliebten bemerkt, erhebt sie sich von ihrem Lager, versucht ihren Schmerz zu verbergen und findet zurück zu königlichem Stolz. Schöner als je zuvor erscheint die Liebende dem Helden. In Schweigen verharren sie beide. Da tritt er an sie heran, streicht ihr sanft durchs goldene Haar und wischt die Tränen von ihren heißen Wangen. Er umarmt sie, drückt sie an sich und versucht, sie ein letztes Mal zu küssen, doch sie weigert sich, in ihrem königlichen Stolz, den Abschied zu besiegeln. Da wendet er sich traurig ab und stürmt hinaus. Jo hält ihm schon den Hengst bereit und überreicht ihm den Helm mit flatterndem Busch. Der König schwingt sich auf sein Pferd und schlägt ihm die Fersen in die Flanken. Nach einem letzten Blick zurück, jagt er hinaus aus dem Hof. Es flattert der Helmbusch. Donnern und Dröhnen beginnt auf dem Pflaster. Pferde und Männer setzen sich in Bewegung und folgen dem König.

Jetzt kennt der Schmerz der Prinzessin, die sich als Königin und geliebte Frau dieses Mannes fühlte, keine Grenzen mehr. Weinend und schluchzend wirft sie sich auf ihrem vereinsamten Lager hin und her. Von Tränen benetzt ist das goldene Haar, das ihr die weiche Schulter bedeckt. „Was habe ich jetzt noch von diesem Leben zu erwarten? Was ist mir dieses prunkvolle Gemach, wenn die Seele fehlt und die Kraft des Mannes, der es belebt? Hoffnungslos ist jetzt alles. Dort reitet er hin. Was treibt ihn von hier fort? Was habe ich ihm nicht gegeben?" Unselige Luise! Der Schleier der Liebe hat ihr verborgen, dass er ein Vogel ist, der seine Freiheit über alles liebt. Ein Falke und ein Pferd haben ihn einst bewacht, als man ihn fand. Der Falke und das Pferd haben ihn durch sein Leben begleitet. Solch einen Mann hält nicht die schönste Frau durch eheliche Bande in warmen Gemächern fest. Rusto ist ein nie zufriedener, feuriger Geist. Seine Kraft verlangt nach großen Taten. Sein Ehrgeiz strebt nach ewigem Ruhm. Unsterblich sollen seine Kinder sein und unvergesslich seine Taten. Weniger ist ihm nicht genug.

Bei ihr wird nun aus enttäuschter Liebe unerbittlicher Hass. Was sie nicht bekommen kann, soll auch keine andere haben. „Nur eines kann mich noch am Leben halten, die Rache für diese Schmach. Er soll nicht ungestraft die schönste Blume pflücken und sie dann achtlos liegen lassen, wenn seine Augen sich genug an ihr geweidet haben." Von jener Zeit an lässt ihre Enttäuschung keine anderen Gedanken mehr zu, als die, die das Unglück und den Tod des Helden herbeiführen sollen.

Rusto führt seine Truppen gegen Norden. Jetzt weiht er auch den gewaltigen Jorg und den furchtbaren Karl in seine weitgesteckten Pläne ein. Jorg und Karl sind begeistert, denn sie lieben den Krieg über ihr Leben. Das ist eine bedeutende Stütze für Rustos Vorhaben, denn schon murren die Soldaten, dass es nicht in die Heimat geht. Obgleich sie den König schätzen, wollen sie doch endlich wieder ihre Frauen und Kinder sehen, nachdem sie nun schon so lange von ihnen getrennt sind. Warum strebt der König nach Norden? Was hat er vor? Solche Fragen und Bedenken gehen durch das Heer und werden immer lauter, bis auch Rusto sie vernimmt. Jetzt ist es an der Zeit, die Unzufriedenen in das Vorhaben einzuweihen. Er ruft sie zusammen und entflammt ihre Geister zu neuem Mut: „Soldaten, ihr wisst, was wir durch unsere Tapferkeit erreicht haben. Die Franken und Thüringer gehören zu unserem Reich, überall ist schon unser Name bekannt. Von allen Reichen werden wir geachtet. Und warum? Weil ihr mir gefolgt seid, ist unser Reich groß und stark geworden. Unbedeutend und unbeachtet wären wir, wenn wir uns nicht in Kämpfen und Kriegen ausgezeichnet hätten. Im Dunkeln wäre unser Leben dahin geflossen, das jetzt im Lichte unserer Tapferkeit erstrahlt. Ich habe die Absicht euch zu noch höherem und vollkommenerem Ruhm zu führen, damit er nie mehr verklingen möge, solange die Welt besteht. Folgt mir zum letzten unserer Kämpfe gegen die Sachsen, denn die Sachsen beherrschen das Meer und das Meer ist das Ende der Welt und wenn wir am Ende sind, dann kehren wir heim und feiern die Siege."
Da raffen die Soldaten noch einmal ihre Kräfte zusammen und sind wild entschlossen, dem König zu neuen Waffentaten zu folgen. Es war schließlich alles gut, was sie bis jetzt unter seiner Führung erreicht hatten. Sie vertrauen ihm blind und Rusto vertraut auf seine Kraft.

13. Kapitel Nachdenkliches

Die Sachsen lieben von allen Völkern ihre Freiheit am meisten. Sie haben auch keinen König, sondern ein Rat von zehn Männern regiert im Auftrag des Volkes. Nichts schätzen diese Männer höher als ihre Freiheit und sie sind bereit, sie mit allen Mitteln zu verteidigen. Da sie von dem berühmten König hörten, dass er nun gegen ihr Land zieht, entschlossen sie sich, eine Gesandtschaft zu ihm zu schicken, die ihn von seinen feindlichen Absichten abbringen soll.
Schon hat der König die Grenze zum Reich der Sachsen überschritten, als die Gesandtschaft zu ihm stößt. Vor den König gebracht, eröffnen die Gesandten die Ver-

handlung: „Wir wollen offen und ehrlich miteinander verhandeln, denn nur wenn Wahrheit zwischen den Menschen herrscht, kann es Vertrauen, Verständigung und Verträge geben. Lüge und List aber spalten die gegnerischen Parteien noch mehr." Rusto: „Der Starke hat es nicht nötig zu lügen, aber spart euch diese überflüssigen und schönen Worte. Sagt, was ihr wollt!" Gesandtschaft: „Fürchtet Ihr nicht, auf Euch den Zorn der Götter zu lenken, indem Ihr ihre Gebote verachtet und uns im Frieden überfallt?" Rusto: „Habt ihr denn schon mal Götter gesehen? Wie sehen sie denn aus, eure Götter? Haben sie Bärte wie ihr oder Hörner wie ein Stier? Wenn es Götter gäbe, würden sie sich nicht um menschliche Händel kümmern; auf wessen Seite sollten sie denn kämpfen? Sie lägen ja selbst miteinander in ewigem Streit. Meine Götter standen jedenfalls noch immer auf meiner Seite; und damit das so bleibt, werde ich ihnen, nach meinem Sieg über euch, eure Rinder und Schafe opfern. Ja, Götter sind dankbar! Man muss ihnen nur opfern, das Beste vom Besten, und davon sehr viel." Rusto lacht höhnisch und fährt fort: „Was ihr göttliche Gebote nennt, sind menschliche Erfindungen. Über mir gibt es keine Götter mehr, über mir gibt es nur noch die Wolken und das Schicksal." Gesandtschaft: „Wenn Ihr die Götter und ihre Gebote verachtet, so achtet doch die Gesetze der Menschen!" Rusto: „Ihr wisst ja wohl, dass es Gleichheit der Rechte nur gibt bei Gleichheit der Kräfte. Betrachtet unser Heer und erkennt unsere Stärke, dann werdet ihr einsehen, dass es unser Recht ist, euch niederzuwerfen und euch zu beherrschen, denn wir sind stärker als ihr. Wer will mich richten, wenn ich Sieger bleibe, - und siegen werde ich!" Gesandtschaft: „Wir erkennen wohl Eure Stärke und glauben auch nicht, ihr widerstehen zu können, doch bedenkt, welches Unglück Ihr über Euch und über die Menschen unserer Reiche bringt, wenn wir uns im Kampf gegenseitig verletzen und töten." Rusto: „Wir werden beide handeln, wie es Menschennatur ist, - ihr wollt eure Freiheit behalten und ich will mir unterwerfen, so viel ich mit meiner Macht vermag. Ich hab das Leben nicht gemacht! Bedankt euch bei den Göttern, wenn ihr an deren Weisheit glaubt. Doch wüsste ich wohl, wie wir das Unglück, das auch mir schmerzt, verhüten könnten. Ihr erkennt, dass ihr schwächer seid. Wenn ihr euch also ohne Kampf ergebt, so ist das nur euer Vorteil." Gesandtschaft: „Wie könnte der Verlust unserer Freiheit unser Vorteil sein?" Rusto: „Ihr werdet auf diese Weise keine Toten beklagen müssen. Wehrt ihr euch aber, dann sind euch neben dem Verlust der Freiheit noch viele Tote gewiss, denn daran, dass ich siegen werde, dürft ihr nicht zweifeln." Gesandtschaft: „Nun, da wir erkennen, dass wir Euch nicht in Güte von Eurem Plan abbringen können, bitten wir wenigstens um Aufschub, um Euch dann die Entscheidung unserer Räte hören zu lassen." Rusto: „Den will ich euch gerne gewähren, denn das Verhältnis der Kräfte wird sich nicht ändern." Die Gesandtschaft zieht sich enttäuscht zurück und übermittelt den Räten das Ergebnis der Verhandlung. Diese setzen sich zusammen und beraten sich lange.

Inzwischen wartet Rusto ungeduldig. In dieser Zeit trifft er bei einem Ausritt einen Weisen, der im tiefen Wald schon viele Jahre in einer bescheidenen Hütte als Einsiedler haust. Mit verstopften Ohren, auf dem Rücken liegend und mit seinen Gedanken kreisend, bringt er zufrieden seine Tage hin. Dieser Weise hat schon manches von dem ehrgeizigen König gehört. Wie er ihn nun mit seinem kriegerischen Gefolge, von Königsglanz umgeben, sieht, stellt er ihn zur Rede: „König der Alemannen, erkennst du nicht die Vergänglichkeit alles Irdischen? Du bereitest dir selbst und deinen Männern so viele unnötige Mühen und bringst doch nur Unglück über die Völker; dabei kannst du nicht mehr mit in dein Grab nehmen als ich, der ich hier einsam und mit dem Nötigsten zufrieden, an meiner Vervollkommnung arbeite." Rusto staunt über diese offenen Worte, wie sie ihm noch niemand zu sagen wagte. „Falls du noch mehr weißt, fahre fort, doch hüte dich, mich zu beleidigen", fordert Rusto ihn heraus. „Dein Triumph bedeutet für viele den Tod und den Verlust ihrer Freiheit. Deine Siege bringen Blut und Tränen über dieses Land. Nennst du das rühmlich? Ist es für dich eine Ehre, ein verhasster Unterdrücker zu sein? Müssen denn Männer immer Kriege anzetteln, um sich zu bewähren? Kämpfe erst einmal gegen deine Eitelkeit, bezwinge deine Geltungssucht und deinen Größenwahn und schließe mit dir selber Frieden, dann wirst du merken, dass es ein Glück ist, im Frieden mit anderen Menschen zu leben." Rusto schweigt betroffen und staunt über das Leben des Einsiedlers, der nichts mehr begehrt, als in Stille und Ruhe, in sich versunken, seine Tage hinzubringen und sich zu entwickeln. Er bewundert Menschen, die auf besondere und eigentümliche Weise leben. Eigentümliche Menschen erscheinen ihm wie Blumen, die sich zwischen den Grashalmen der grünen Weide behaupten; - und Rusto liebt Blumen. Dennoch antwortet er trotzig: „Edler Mann, deine Weisheit achte ich, aber sie ist nur gut für dich und deinesgleichen. Hättest du meine Kraft, dann würdest du anders reden und anders handeln als jetzt, denn von seiner Kraft hängt es ab, wie ein Mensch denkt und lebt. Ist einem Mann ungewöhnliche Kraft geschenkt, dann ist es unmöglich, dass sein Leben ohne erstaunliche Taten verrinnt. Das Schicksal gibt uns eine bestimmte Lebenskraft und deshalb bestimmt das Schicksal unseren Weg..." Der Weise unterbricht Rusto: „Das Schicksal gibt dir die Kraft, aber deinen Weg bestimmst du. Mach dir nur alles zurecht, wie du es brauchst! Siehst du nicht das Unheil, das du uns bringst!" Rusto rechtfertigt sich: „Ich könnte weder deine Lebensweise annehmen, noch könntest du so leben wie ich. Vielleicht denke ich so wie du, wenn ich alt und vergreist bin." Nach diesen Worten wirft er verstört sein Pferd herum und gibt ihm einen heftigen Tritt mit den Sporen. Er bricht seinen Ausritt ab und verbirgt sich lange schweigend in seinem Zelt.

Das Leben ist für ihn ein Kampf, in dem es Sieger und Besiegte gibt. Die Sieger werden stets gefeiert und um Besiegte schert sich niemand mehr. Sie gehen unter, schweigen, sind verschwunden. Den Sieger feiert man, ihn richtet niemand mehr. Er steigt zum höchsten Richter auf und kann sich selbst lossprechen: von allen Verbrechen.

Die Gesandtschaft kehrt zurück und überbringt den Entschluss des Rates: Der Rat habe erkannt, dass Rusto der Stärkere sei. Man wolle ihm kein Heer entgegenstellen, deshalb solle er als Freund und nicht als Feind ins Land einziehen. Diese Antwort gefällt Rusto umso mehr, als er sie nicht erwartet hätte, denn er kennt die Sachsen als ein freiheitsliebendes Volk, das sich nicht so leicht und gar ohne Gegenwehr, einem Feind unterwerfen würde.

Sogleich bricht er auf, um die Frucht zu ernten, die ihm scheinbar ohne Mühen in den Schoß fallen wird. Wie damals in das Thüringerreich marschiert er ins Reich der Sachsen ein. Sogar die jubelnden Menschen und die Kinder mit Blumen fehlen nicht. Nur seinen Argwohn haben ihm die Thüringer durch ihren freundlichen Empfang genommen. Er fühlt sich, wegen der Stärke seines Heeres und der Freundlichkeit der Menschen, vollkommen sicher. In aufgelockerten Reihen marschiert das Fußvolk und traben die Reiter. Voran reitet Rusto mit Jo und der Königsgarde. Es folgt das Fußvolk. Den Schluss des Heeres decken Jorg und Karl mit der Reiterei. Da geht es über weite Ebenen, die strotzen von saftigem Gras. Wohlgenährt und gesund sind die Rinder, die mit langen Zungen die Grasbüschel umschlingen und rupfen. Blumen des Feldes säumen den Weg und verlocken die Soldaten die schönsten zu einem Strauß zusammenzufügen. Sie denken an ihre Frauen und ihre Heimat, als der Strauß nach langem Marsch in den eigenen Händen verwelkt, ohne dass seine Schönheit und die Gesinnung des Schenkenden ein weibliches Herz beglückt hat. Riesige Herden von schneeweißen Schafen weiden dort, wo, zwischen blühenden Sträuchern und Büschen der Heide, das Gras spärlicher wächst. Die Schäfer und die fleißigen Bauern auf dem Felde blicken von ihrer Arbeit auf und ihre fragenden Blicke folgen lange dem Zug. In leuchtenden Farben blüht die Heide und lässt die Soldaten ihr blutiges Handwerk vergessen. Schattige Wälder und glitzernde Bäche gewähren den Müden Erholung und Schutz vor der glühenden Sonne des Mittags. Durch Schluchten, die auf beiden Seiten von hundertjährigen Eichen bewachsen sind, führt sie ihr Weg zur Hauptstadt der Sachsen. In langsamem Trott führt Rusto das Heer.

Da stürzen in breiter Front von links und von rechts riesige Baumstämme auf die Ahnungslosen und zerschmettern ihnen die Knochen. Mitsamt ihren Blumen werden sie unter dem tosenden Fall der Eichen begraben und strecken ihre Glieder. Kriegsgeschrei erhebt sich auf beiden Seiten der Schlucht. Die dumpfen Töne von Trommeln künden den Angriff der Sachsen. Die Reiterei ist durch die eingestürzten Bäume vom übrigen Heer abgeschnitten. Bogenschützen schicken zuerst ihre verderblichen Geschosse aus dem Hinterhalt ab. Wie eisiger Hagel zartes Gemüse des Frühjahrs zerschlägt, so bluten und fallen die Eroberer unter dem Hagel der Pfeile. Im Rücken des geteilten Zuges ziehen die Sachsen mit ihrem Heer heran und verwickeln die Reiter unter Jorg und Karl in ein mörderisches Gefecht. Die alemannischen Reiter können keine Hilfe vom Rest ihres Heeres erwarten, weil es, abgeschnitten, selbst von allen Seiten bedrängt wird.

Von einem Pfeil im Rücken schwer verwundet, kämpft der furchtbare Karl wie ein angeschossenes Raubtier um seine Jungen. Mit beiden Händen hält er das Schwert und schlägt verbissen um sich. Aus der Wunde sickert dunkelrotes Blut. Der rasche

Verlust des kostbaren Saftes raubt ihm allmählich Besinnung und Kraft. Schwer atmend stürzt er zu Boden. Wie ein Bär seine Höhle, verteidigt der gewaltige Jorg den mit dem Tode ringenden Freund gegen die drückende Übermacht. Seine Reiter fallen von ihren Pferden wie herbstliche Blätter von ihren Bäumen unter der Kraft des eisigen Nordwinds.

Schon steht keiner seiner Soldaten mehr dem Gewaltigen zur Seite, alle liegen sie, von Pfeilen durchbohrt und von Schwertern gefällt, auf dem modrigen Boden des Waldes. Jorg ist sich seines baldigen Todes bewusst, aber er ist entschlossen sein Leben den Sachsen so teuer wie möglich zu verkaufen. Ungeheuer ist der Preis, bis der Held, aus vielen Wunden blutend, von einem Schwertstoß in den Rücken getroffen, zusammenbricht und neben dem sterbenden Karl sein Leben lässt. In mörderischem Gefecht, nach Einsatz all ihrer Tapferkeit gefallen, liegen die Helden, die sich dem Krieg verschrieben haben, beieinander. Der Krieg war ihr Leben und der Krieg war ihr Tod. Erloschen sind zwei gewaltige Flammen.

Rusto hat, sobald er den Überfall der Sachsen erkannt hatte, den Widerstand organisiert. Er lässt die Höhen stürmen, um den Feinden die überlegene Position zu rauben. Gefasst schickt er die Abteilungen zu zielgerichteten Einsätzen.

Es gelingt ihm schließlich, den Feind zurückzudrängen und die Höhen zu besetzen. Auf beiden Seiten siegen seine Soldaten unter seiner und Jos Führung. Durch die überlegene Position und den Sieg gestärkt, führen sie nun ihr Heer zum Angriff gegen die Sachsen, unter deren Übermacht gerade Jorg gefallen ist. Jetzt befinden sich die Sachsen, die nicht mehr an einen Angriff des abgeschnittenen Heeres geglaubt haben, in der Schlucht. Die Lage der beiden Parteien hat sich umgekehrt. Von links herab bestürmt sie Jo, von rechts greift Rusto an, nach vorne ist ihnen der Fluchtweg durch die eigenen Stämme verlegt, den Fluchtweg nach hinten schneiden die Abteilungen Rustos und Jos durch rasche Vereinigung ab. Der Kessel ist vollkommen. Es gibt kein Entfliehen mehr.

Wie die Alemannen den gewaltigen Jorg und den furchtbaren Karl tot am Boden liegen sehen und wie sie erkennen, dass keiner von der Reiterei mehr am Leben ist, da lechzt ihr Rachedurst nach dem Blut der Feinde. Jetzt spielen sie ihre überlegene Position mit furchtbarer Härte aus. Sie schießen zuerst ihre Pfeile und Lanzen ab und stürmen dann mit gezückten Schwertern gegen den Feind, der wie die Maus in der Falle sitzt.

Die Sachsen werfen ihr Leben nicht weg. Sie wehren sich mit dem Mut der Verzweiflung. Allmählich aber müssen sie der Übermacht und ihrer misslichen Lage ihren Tribut zahlen. Als die Sonne sich gegen Abend neigt, ist ihr Schlachtruf verstummt. Das Heer der Sachsen ist bis auf den letzten Mann vernichtet. Die Schatten des Waldes legen sich auf ein unübersehbares Leichenfeld. Wie in einem Massengrab liegen die Toten, gemischt aus beiden Parteien, in der Schlucht.

Rusto und Jo stehen bei den toten Freunden und blicken sich an. „Sie haben sich tapfer geschlagen", rühmt Rusto die beiden Gefährten, „wir werden ihnen ein Ehrenmal errichten." „Willst du noch immer nicht von deinen Plänen lassen", forscht Jo, „das Leben wäre ihnen wohl lieber, als ein Heldengrab mit Siegessäule". „Lass uns zuerst die Sachsen gänzlich niederwerfen, dann wollen wir darüber reden", beschließt Rusto. Er ist entschlossen, die zehn Räte, die Führer des Freiheitskampfes, in seine Hand zu bringen, noch ehe ihnen die Nachricht von der Niederlage gemeldet wird.

Rusto beauftragt Jo, für die Bestattung der Toten zu sorgen und ein Zeichen des Sieges in der Schlucht zu errichten. Dann soll er ihm mit dem Heer folgen. Die Leichen von Jorg und Karl soll er in die Heimat zurückschicken lassen, wo ihnen und anderen tapferen Kriegern ein würdiges Ehrenmal neben seiner Burg errichtet wird. Er selbst bricht mit den hundert Männern seiner Königsgarde, den einzigen Berittenen, die ihm noch geblieben sind, zum Hauptlager der Sachsen auf.

Im Licht des Vollmonds, der ihrem Unternehmen günstig ist, jagen sie durch die Nacht. Rusto hat aus seinem Fehler gelernt, den er nach der Frankenschlacht begangen hat. Er will den Räten keine Möglichkeit lassen, ihm zu entweichen, denn wenn er jemals den Freiheitswillen der Sachsen brechen will, dann muss er die Führer dieses Freiheitskampfes in seine Gewalt bringen.

Vor Mitternacht erreichen sie die Stadt. Sie überwältigen die wenigen Wachen, die ihnen die Tore nicht öffnen wollen, dringen in die Stadt ein und umzingeln das Ratsgebäude. Rusto stürmt mit zwanzig Männern hinein. Es kracht die Tür zum Ratssaal. Da sitzen die zehn Räte an einem runden Tisch zusammen und warten auf die Nachricht vom Ausgang des Überfalls. Entsetzt stehen sie auf, als sie den Helden in voller Kriegsrüstung mit gezücktem Schwert vor sich sehen und hinter ihm seine Männer zur Tür hereindrängen.

Der einzige Fluchtweg ist ihnen versperrt. „Legt sie in Fesseln", befiehlt Rusto. Die Räte verzichten auf jeden Widerstand gegen die bewaffnete Schar. Darauf lässt Rusto das Ratsgebäude befestigen, um einem Angriff der Stadtwache vorzubeugen. Inzwischen ist, selbst zu dieser mitternächtlichen Stunde, viel Volk vor dem Ratsgebäude zusammengelaufen. Auch Soldaten, die die Befestigung zu bewachen haben, waren zuerst entschlossen, die Hundert aufzureiben. Wie sie jetzt aber sehen, dass die Räte in der Hand des Eroberers sind und wie ein Bote die völlige Vernichtung des Sachsenheeres meldet, lassen sie von ihrem Vorhaben ab und senken entmutigt die Waffen.

Am nächsten Tag trifft Jo mit dem Fußvolk ein. Da erlischt selbst der letzte Funke des Widerstands. Die Sachsen ergeben sich dem Alemannenheer. Nach einigen Tagen hat sich die Bevölkerung an den Anblick der Eroberer gewöhnt. Das Leben nimmt wieder seinen alltäglichen Lauf.

Rusto versteht es, durch kluge Maßnahmen die Menschen für sich zu gewinnen. Bei der aufwändigen Leichenfeier, die er zu Ehren der Gefallenen veranstaltet, lädt er das ganze Volk zum Festmahl ein. Solche Freigebigkeit haben sie von ihren Räten noch nie erlebt. Die köstlichen Speisen ändern die Stimmung des Volkes zugunsten des Eroberers. Die Wenigen, denen mehr an der Freiheit, als am guten Essen liegt, werden leicht überstimmt. Die Mehrheit fügt sich unter die Herrschaft des neuen Königs.

Rusto ärgert sich darüber, dass er auf die List der Räte hereingefallen ist. Er hat es noch nie erlebt, dass ihn einer hinterging, ohne dass er vorher dessen Absicht bemerkt hätte. Rusto fühlt sich durch die Macht seines Geistes den anderen Menschen überlegen. Er ist in seinem Ärger entschlossen, den Räten ein Beispiel von seiner Geistigkeit zu geben. Rusto lässt sie alle zehn vor sich rufen und beginnt: „Neun von euch werden sterben, nur einem will ich die Freiheit schenken. Jeder von euch soll mir die Eigenschaft des Menschen nennen, die er am höchsten schätzt. Der Mann, der die Eigenschaft nennt, die mir am besten gefällt, soll seine Freiheit haben." Da beginnen sie der Reihe nach die Eigenschaft zu nennen, von der sie glauben, dass sie dem König am besten gefällt. Der Erste nennt den Stolz, der Zweite die Tapferkeit, der Dritte die Wahrhaftigkeit, der Vierte die Gerechtigkeit, der Fünfte den Ehrgeiz, der Sechste den Freimut, der Siebte die Mäßigkeit, der Achte die Treue, der Neunte die Weisheit und der Zehnte die Milde. Schließlich ruft er den, der ihm die Tapferkeit genannt hat, zu sich und erklärt: „Dir will ich die Freiheit schenken, denn von allen Eigenschaften des Menschen gefällt mir die Tapferkeit am Besten. Da du aber die Tapferkeit am höchsten schätzt, will ich dir Gelegenheit geben, sie zu beweisen. Wenn du bereit bist, an Stelle der anderen neun Räte zu sterben, will ich denen die Freiheit lassen." Der Mann ist tapfer. Rusto belohnt dies und schenkt allen Räten die Freiheit. Diese Gnade soll ihn eines Tages reuen, denn den Männern liegt die Freiheit ihres Volkes am Herzen.

14. Kapitel Die Umkehr

Nachdem Rusto seine Macht im Sachsenreich gefestigt hat, beginnt er, das Heer, das nun schon arg zusammengeschrumpft ist, neu aufzurüsten. Pferde werden beschafft und neue Soldaten verpflichtet. Schwerter und Lanzen werden bei allen Schmieden in Auftrag gegeben. Das Heer wächst zu noch nie gesehener Größe heran. Das erregt den Verdacht der Soldaten, die endlich zu ihren Frauen und Kindern heimkehren wollen. Was will der König mit einem solchen Heer, wenn sie bald den Marsch in die Heimat antreten werden? Es ist doch nur eine unnötige Last. Was will er im Frieden mit einem Heer anfangen, mit dem er die ganze Welt erobern könnte? Er muss andere Pläne haben.

Sie schicken ihre Führer zu Jo und Jo bringt das Anliegen der Soldaten vor Rusto: „Die Soldaten ahnen, dass du andere Pläne hast. Sie weigern sich, dir weiter zu folgen, wenn du sie nicht in die Heimat führst." „Die Undankbaren", antwortet Rusto dem Bruder, „sie haben wohl vergessen, was sie durch mich geworden sind. Aber so schnell will ich ihnen nicht nachgeben." Er beruft eine Heeresversammlung ein und redet zu den Meuterern: „Ich höre, dass ihr euren König im Stich lassen wollt. Habt ihr vergessen, was er für euch getan hat? Jeder von euch ist zu höherem Ruhm und zu größerem Reichtum gelangt, indem er mir gefolgt ist. Ja, ich will es euch offen bekennen, ich habe die Absicht zur Insel der Briten überzusetzen, um sie gerade so wie die Franken und die Thüringer und die Sachsen zur Ehre unseres Reiches zu unterwerfen. Gibt es denn einen anderen Sinn in diesem Leben, als ständig seinen Ruhm durch Taten zu mehren? Wollt ihr lieber müßig und unbeachtet bei euren Frauen sitzen, als durch glänzende Taten euch und euren Frauen immer wertvoller werden! Sie werden euch umso mehr begehren, je länger ihr ausbleibt und je größere Taten ihr vollbringt. Entscheidet euch also wie Männer!"

Die Soldaten jubeln nicht, wie früher. Sie sind mit ihren Kräften am Ende. Sie besitzen nicht die übermenschliche Energie des Königs. Rusto aber zieht sich grollend zurück, als er sieht, dass sich die Männer nicht umstimmen lassen. Rusto will nicht mit Männern in den Krieg ziehen, die ihm nur widerwillig folgen würden. Die Soldaten empfinden ein Schuldgefühl, aber ihr Wunsch, in die Heimat zurückzukehren, ist stärker. Sie sprechen wieder mit Jo und Jo überbringt ihren Vorschlag: „Rusto, die Soldaten wünschen, dass du sie jetzt in die Heimat führst. Zu lange sind sie von ihren Frauen getrennt, aber sie geben dir das Versprechen, dir in einigen Jahren überallhin zu folgen, wohin du sie auch führen magst." Rusto gibt sich geschlagen. Es schmerzt ihn zwar, dass er seinen Zeitplan umstoßen muss, aber er schwört sich, seine Pläne, wenn die Zeit reif ist, durchzusetzen.

Von seinem Verlangen, das Meer zu sehen, will er nicht ablassen. Er entschließt sich, sein Heer ans Meer zu führen, Schiffe zu bauen und dann den Rhein hinauf in die Heimat zu rudern. Mit Jo vereinbart er Folgendes: „Jo, wir müssen uns trennen. Es ist mir kein anderer mehr geblieben, der mir das Reich der Sachsen verwalten könnte. Es wäre wohl auch kein anderer stark genug, dieses Volk zu beherrschen. Auf dich setze ich mein ganzes Vertrauen. Du weißt, dass es keine leichte Aufgabe ist, so fern von der Heimat, als Eroberer, ein so starkes Volk zu regieren." „Du wirst mit mir zufrieden sein", antwortet ihm der treue Jo. Sie umarmen sich und trennen sich, - für immer.

Rusto bricht mit dem Heer auf und führt es ans Meer. Wie er das Meer sieht, da staunt er über die weite, ungeheure Fläche und er empfindet eine seltsame Sehnsucht nach der Ferne, nach Unendlichkeit und Ewigkeit. Er will wissen, ob dies das Ende der Welt ist oder ob über dem Meer noch andere Menschen leben. Er will wissen, was es für Länder gibt, und was es für verschiedene Menschen gibt, und wie sie denken, und warum sie so und nicht anders denken; was sie von diesem Leben erwarten und was sie für Hoffnungen und Wünsche haben. Rustos Geist ist unersättlich. Rusto will alles wissen, hätte er ewig gelebt, dann hätte er ewig gefragt und geforscht. Er kann nicht begreifen, wie die meisten mit dem Wenigen, das sie wissen, zufrieden sein können. Für ihn ist das Dasein ein einziges Rätsel, das zu erforschen für seinen wachen Geist eine Herausforderung ist.

Am Meer gibt er Anweisung, Schiffe zu bauen. Die Soldaten holzen mit ihren scharfen Äxten Bäume ab, ziehen die Stämme an den sandigen Strand und fügen die getrockneten und bearbeiteten Planken zu seetüchtigen Schiffen zusammen. Jedes der Schiffe hat dreißig Ruderer. In der Mitte ragt ein Mast empor mit einem roten Segel, auf dem ein schwarzer Falke stolz seine Schwingen hebt. Drachenköpfe weisen vorausschauend den Weg. Ein Königsschiff, das zweimal so lang ist wie die anderen Schiffe, wird für den König und seine Reiter gebaut. Seile halten die Planken zusammen, Leder und Teer schützen gegen das Eindringen des Wassers.

Am zehnten Tag werden die Seile zerhauen, mit denen die Schiffe auf dem erhöhten Strand angebunden waren. Jetzt gleiten sie auf geölten Stämmen in die brausenden Fluten. Männer, Pferde und Gepäck werden verladen. Günstiger Ostwind bläht die Segel und unterstützt die kraftvollen Schläge der Ruderer. Diese stemmen sich unter Geschrei und Gesang in die Riemen und wühlen das Meer auf.

Furcht erregend muss der Anblick der gewaltigen Flotte feindlichen Augen erscheinen. Mitreißend wirkt auf den Freund die Masse der Schiffe, der gleichmäßige Takt der vielen Ruderer, der Chorgesang der Männer und die roten Segel mit ihren Falken. Die Menschen laufen am Ufer zusammen und weiden ihre Augen an diesem Anblick. Da schlägt jedem das Herz höher und jeder wünscht sich unter die Männer. Rusto steht in seinem Königsschiff. Es weht sein Haar und seine Gedanken gehen hinüber zu jener Insel, die er sich einst erobern will. Noch fühlt er sich jung genug, um warten zu können. Die Zeit des Wartens aber will er gründlich nützen, - wie es seine Art ist. Mit Planen und Denken bringt er den größten Teil seines Lebens hin.

Rusto staunt, denn so viel Neues hat er noch nie auf einmal gesehen. Er staunt über die Flugkunst der Möwen und über das seltsame Glitzern der Sonne auf den Wellenhügeln und über den Schaum, den die Ruderschläge erzeugen und er wird nicht satt am Anblick der Küstenformen. Voller Wunder ist die Welt, die er mit seinen Augen sieht.

Wo die Wassermassen des süßen Rheins sich mit den salzigen Fluten des Nordmeers vermischen, lässt er ein Lager schlagen, um den Anblick dieser Vereinigung recht lange genießen zu können.

Erst am nächsten Morgen rudern sie den Rhein hinauf, durch das Frankenreich, das längst sein Reich ist. Er erkennt, dass der schlaue Wolf ein tüchtiger Herrscher ist. Wo er auch hinblickt sieht er Wohlstand und Gedeihen. Wolf macht seine Sache gut, ja, er macht sie fast zu gut, so erscheint es Rusto. Es ist ihm gelungen, sich in der Gunst der Menschen neben den König zu stellen. Er gewinnt seine Untertanen durch Güte und Freigebigkeit. Ja, er warb sogar auf eigene Faust viele Söldner und vergrößerte sein Heer beträchtlich. Rusto vertraut dem Freund.

15. Kapitel Die Heimkehr

Im Reich der Alemannen angelangt, erleben die Soldaten einen stürmischen Empfang. Frauen und Kinder sind gekommen und begrüßen die lange Ersehnten mit herzlichen Umarmungen. Aber man sieht auch viele enttäuschte und weinende Gesichter, denn jetzt erst erfahren sie, dass ihr Mann oder ihr Vater in hitzigem Kampf gefallen ist. Rusto tröstet die Frauen, indem er von den Heldentaten ihrer Männer erzählt und ihnen die Hilfe des Reiches verspricht. Dann folgt er seiner eigenen Sehnsucht. Er zieht unter dem Jubel der Menschen in sein Dorf und in seine Burg ein. Hier fühlt er sich wohl, hier sieht er sich selber wieder in den Bauten und Anlagen des Ortes. Seine Taten gehen von Mund zu Ohr und von Mund zu Ohr.

Rusto steigt allein die zweihundert Stufen zur Burg empor und betritt allein seinen prächtigen Saal und er setzt sich allein an seine Tafel aus kostbarem und wohl duftendem Holze und vor ihm stehen fünf verwaiste Stühle. Er zieht seine Pläne hervor und brütet darüber die Nacht und den folgenden Tag.

Rusto ist der einsamste unter den Menschen, denn er hat nicht mehr Seinesgleichen. Er denkt sich über allen stehend und ist nur noch mit sich selbst im Bunde. Rusto ist einsam, aber er liebt die Menschen, die ihn lieben, weil er Wohlgefallen an sich selber hat. Er erfreut sich an seinen Werken, die ein Spiegelbild seines Wesens sind. Jetzt, da er einsam ist, hat er nichts anderes mehr im Sinn, als sein Werk zu schaffen. Er spürt bald, dass es nichts auf dieser Welt gibt, das ihn mehr erfreut als sein Werk. Unzertrennlich werden ihm Werk und Leben. Sein Werk ist sein Lebenssinn.

Zuerst lässt er für die gefallenen Gefährten ein Denkmal neben seiner Burg erbauen, damit sie ihm auch noch im Tode nahe sind und damit ihre Heldentaten dem Volk in ewiger Erinnerung bleiben.

Er zeichnet Pläne von Bauten, von Gärten und Brunnen. Er ruft Baumeister und Maler und Künstler ins Land. Er will zeigen, welche unendliche Vielfalt an Formen und Ideen der menschliche Geist hervorbringen kann. Brunnen und Wasserspiele entstehen. In den Gärten steigern sich die Formen der Beete, die Formen der Blüten und ihre Farbenpracht zu einzigartiger Schönheit. In Sandstein und Eisen, in Kalkstein und Holz drückt er das Abbild seiner Seele.

Schließlich beginnt er die Gesetze des Landes zu ordnen. Er bestimmt, was Recht und Unrecht sein soll, und legt für jedes Verbrechen die Strafe fest. Er bestimmt Abgaben und Steuern und sorgt für das Wohl der Armen. Er bestimmt den Marktplatz und legt die Preise fest. Rusto legt entscheidet, wie viele Tage die Woche haben soll und wie die Tage benannt werden sollen und wann ein Festtag sein soll und warum er sein soll. Rusto sagt den Lehrern, was sie die Kinder lehren sollen und warum sie es lehren sollen und er gibt an, was die Menschen über den Sinn ihres Daseins glauben sollen. Rusto lässt den Fluss Amra vertiefen, um die gefährlichen Fluten des Frühjahrs zu bannen. Er pumpt das Wasser von den Quellen des Dorfes auf den Berg und lässt von dort Leitungen in die Häuser legen. Er sorgt für regen Handel und Verkehr durch den Bau von Straßen und Brücken.

Rusto bewundert jeden Handwerker, der ein Meister seiner Kunst ist. Er liebt die fleißigen Menschen. Wenn er sieht, wie die Ameisen ihren Bau mit unermüdlichem Fleiß höher und höher aufführen, wenn er die emsigen Bienen beobachtet, wie sie ihre Taschen voll stopfen und in schwankendem Flug den süßen Nektar heimtragen oder wenn die Vögel im Frühling Halm um Halm zusammenbasteln und ein Nest für die Brut bauen, damit der Strom des Lebens nicht abreißt, dann fühlt er sich all diesen Tieren verwandt.

Wenn Rusto durch sein Reich reitet und sieht, wie die Krieger sich in ihren Waffen üben, wie die Knaben in den Flüssen schwimmen, wie reinliche Mägde, unter mühsamem Stöhnen, am Ufer des Flusses die Kleider waschen und wie Männer mit dem

Bau von Dämmen und Häusern und Brücken beschäftigt sind, dann lacht sein Herz beim Anblick solch regen Lebens. Vielleicht ist er in einem solchen Augenblick mit sich und seinem Werk zufrieden. Rusto hat gehalten, was er versprochen hat. Er sieht, dass alles wohl geraten ist.

16. Kapitel Die Wende

An einem bitterkalten Wintertag sitzt Rusto, wie so oft, allein an seiner Tafel und malt in seinen Plänen. Nur eine Schar von Krähen hat sich auf den Zinnen der Burg versammelt und nervt ihn mit ihrem unangenehmen Gekrächze. Da stürzen Soldaten in den Saal, von den Spuren schweren Kampfes gezeichnet und stammeln die unglaubliche Botschaft: „Die Sachsen", stottert einer der Boten, „sie haben sich erhoben. Außer wenigen Reitern lebt keiner mehr von unserem Heer." „Wo ist Jo", schreit Rusto den Boten an. „Jo ist draußen", antwortet zaghaft der Bote. Rusto stürmt hinaus. Auf einer Bahre liegt der tote Jo. Bleich ist sein Gesicht wie der Schnee. Unzählige Wunden, umschlossen von geronnenem Blut, zeichnen seinen Körper. Verkrustet mit Blut sind die Haare. Mit geschlossenen Augen und geschlossenem Mund liegt er vor Rusto, - schön im Tod noch, wie ein Schlafender. „Jo! Mein Jo!", haucht Rusto vor sich hin und betrachtet ihn lange schweigend und die Reiter, die ihn gebracht haben, schweigen und Jo, - schweigt. Bitternis zieht in Rustos Herz ein. Es gefriert und wird starr wie die Seen des Landes zu dieser Jahreszeit. Er geht zurück in den weiträumigen Saal, setzt sich an seine Tafel und ordnet ein feierliches Begräbnis an. Er lässt ihn im Grabmal von Karl und Jorg bestatten. Eine Inschrift von folgendem Wortlaut meißeln die Künstler auf seine Anweisung in eine Tafel aus Marmor: „Bedenke Mensch, vergänglich ist alles, nur die Seele des Helden lebt ewig!"
Vom ganzen Reich strömen die Menschen zusammen, um dem Bruder des Königs die letzte Ehre zu erweisen. Das Heer marschiert auf, Trompeten erschallen. Das Volk erwartet eine tröstende Leichenrede, aber der König schweigt und zieht sich von dieser Zeit an gänzlich in sich selbst zurück. Unnahbar und unzugänglich ist er jetzt für jedermann. In weiter Ferne sehen die Untertanen ihren König. Über die Königsgarde gehen seine Befehle ins Land.

17. Kapitel Hintergründe

Der erfolgreiche Aufstand der Sachsen hatte folgenden Hintergrund: Im Reich der Thüringer hatte Udo die Herrschaft in Händen, die ihm Rusto übergeben hatte.
Der alte König behielt wohl Titel und Stellung, wurde aber völlig entmachtet. Er starb auch bald nach Rustos Abmarsch.
Udo hatte eine Abneigung gegen die Brüder. Rusto grollte er von Jugend an, weil er den Adel höher schätzte als die Kraft und doch musste er sich Rustos Willen fügen.

Jo grollte er, weil Rusto ihm Jo vorzog.

Udo fand Gefallen an Luise, vom ersten Augenblick an, als er sie sah. Aber Luise war für Rusto bestimmt. Nachdem Rusto Luise verlassen hatte, brachte gemeinsamer Hass gegen Rusto und die Liebe Udos zu Luise die beiden zusammen. Luise drängte Udo, ihre Schmach zu rächen. Die Liebe für die eine und die Rivalität gegen den anderen, machte ihm den Entschluss leicht, den alten Gefährten zu verraten.

In Sachsen waren die neun Räte entschlossen, den Freiheitskampf zu schüren. Boten vermittelten zwischen Udo und den Räten. Jo konnte wohl dafür sorgen, dass in Sachsen kein Heer für den Freiheitskampf gebildet wurde, aber er konnte nicht wissen, dass es in Thüringen unter Udos Schutz heranwuchs. Diesem Heer erlag der Ahnungslose eines Tages. Von Udos Verrat wusste niemand. Er bleibt auch weiterhin verborgen.

18. Kapitel Die letzte Schlacht

Einen Tag nach Jos Begräbnis zieht Rusto einen Teil seines Heeres zusammen. Er ist entschlossen, den Tod des Bruders zu rächen und den Aufstand der Sachsen niederzuschlagen. Rusto tritt den Marsch nur mit geringer Heeresmacht an. Er will das Reich nicht schutzlos zurücklassen und rechnet zudem auf die Unterstützung von Wolf und Udo. Er schickt Boten an die beiden ab und plant die Vereinigung der drei Heeresteile im Reich der Sachsen. Dieser Plan muss den Aufständischen zum Untergang werden.

Bei klirrender Kälte stapft Rustos Hengst, von der Königsgarde und der Heeresabteilung gefolgt, durch pulvrigen Schnee. Vor sich sehen die Männer und Rosse die wirbelnden Nebel des Atems. Allein das Pusten und Schnauben der Pferde hört man auf diesem Zug durch die kälteerstarrte Landschaft. Unter der drückenden Last des Schnees lassen die Bäume ihre Arme kraftlos hängen. An ihren Fingern kleben Zapfen aus Eis. Rusto lenkt, in sich selbst und in dicke Felle gehüllt, den Hengst an lockerem Zügel. Jetzt streift er mit seinen Gedanken durch Kindheit und Jugend. Undenkbar ist diese Zeit ohne Jo und die Freunde. Freundschaft war ihr ganzes Glück. „Sie werden mir beistehen, den Bruder zu rächen, denn nicht weniger hart als mich kann sie die Nachricht von seinem Tod getroffen haben. Aber warum bleiben die Boten von Wolf und Udo solange aus? Sie müssten längst hier sein. Der Schnee und die Kälte werden sie verhindern. Ich werde trotzdem sogleich ins Reich der Sachsen einmarschieren. Rasches Handeln ist die beste Waffe, wenn es gilt, einen Aufstand niederzuschlagen. Man muss den Aufständischen die Fäden wegschnappen, bevor sie diese in die Hand bekommen." Solche Gedanken wälzt Rusto auf seinem Ritt durch tief verschneites Land.

Schon ist er an der Grenze des Sachsenreiches angelangt, doch noch immer bleiben die Boten aus. Soll er es riskieren, mit seinem kleinen Heer ins aufständische Land einzubrechen, noch ehe er sichere Nachricht von seinen Freunden hat? Rusto ist es gewohnt, einen Schlag zu wagen, wo der Erfolg nicht aussichtslos ist. Zu oft schon ist er sich durch eine verwegene Tat wertvoller geworden. Rusto spielt immer mit ganzem Einsatz.

Er überschreitet die Grenze zum Reich der Sachsen und vertraut auf seinen Stern. Sie sind schon tief ins Land eingedrungen, als er bei hereinbrechender Dunkelheit ein Lager schlagen lässt. Die Männer sind vom Marsch erschöpft. Man will auch nur eine Nacht bleiben. Es genügt also, das Lager leicht zu befestigen und Wachposten aufzustellen.

Rusto unterschätzt die Aufständischen. Er rechnet nicht damit, dass sie bereits über ein wohl ausgerüstetes und kampftüchtiges Heer verfügen und er rechnet nicht damit, dass jede ihrer Bewegungen von feindlichen Augen beobachtet wird.

Die Nacht ist bewölkt und vollkommen finster. Auch Lagerfeuer hat Rusto verboten, seitdem sie Feindgebiet betreten haben. Beim unruhig flackernden Licht einer Fackel brütet der König über seinen Plänen. Der Zweifel, am rechtzeitigen Eintreffen der Freunde, lässt ihn keinen Schlaf finden. Bote um Bote hat er abgeschickt, aber keiner kam mit einer Nachricht zurück. Sind es die Freunde oder die Feinde, durch deren Gebiet sie sich pirschen müssen, die sie davon abhalten zu ihm zu gelangen?

Schon hält die Erschöpften der Schlaf mit starken Armen umschlungen, als die Wachen durch das Brüllen näher kommender Rinder stutzig werden. Noch ehe sie die Gefahr erkennen können, bricht eine Herde von Rindern, dicht zusammengedrängt und zu raschem Lauf angetrieben, in das Lager ein.

Die ersten reißen die Zelte nieder und begraben die Männer unter den schweren Fellen. Die nächsten stampfen über Felle und Männer hinweg und ehe die ganze Herde über sie getrampelt ist, ist das dumpfe Geschrei der Erstickten und Niedergetretenen verklungen. Viele Männer und Zelte erliegen dieser seltsamen Waffe, doch war sie nur dazu gedacht, die Alemannen zu überrumpeln und sie zu lähmen. Noch ehe diese Flutwelle über das Lager hinweg gegangen ist, bricht hinter ihr ein Orkan los. Wildes Kriegsgeschrei tönt durch die Nacht. Reiter stürmen heran, hauen die vom Schlaf Betäubten oder vom Angriff der Rinderherde Verwirrten mit Leichtigkeit nieder und legen Feuer an die Zelte. Den Reitern folgt, als dritter Streich, ein waffenstrotzendes Fußvolk, das niedermetzelt, was von den ersten beiden Wellen verschont wurde. Die Alemannen liefern, sofern es ihnen gelingt zu den Waffen zu greifen, ein verzweifeltes Gefecht. Vor allem die Königsreiter, auserlesene Männer, schlagen sich jeder mit der Tapferkeit von zehn Feinden. Sie wissen, welch kostbaren Schatz sie zu hüten haben. Der König, die Ehre, das Reich der Alemannen stehen auf dem Spiel. Der König selbst aber ist der Erste in ihren Reihen. Er ist Feldherr und Kämpfer zugleich. Er ordnet und schlägt. Mit dem Mut eines Löwen dringt er in die Feinde ein, mit der Gewalt eines Bären teilt er seine Schläge aus. Er haut und sticht. Er wirft die Feinde zurück. So hat ihn noch niemand gesehen. So schlägt kein Sterblicher um sich. Aus vielen Wunden sickert schon sein edles Blut, aber Rusto verachtet die Wunden, er verachtet den Schmerz und das Leben und den Tod. Rusto ist der größte Verächter, weil er nichts mehr fürchtet, weil er alle Ängste eines Sterblichen überwunden hat. Rusto kämpft um des Kampfes willen. Wo sein

Schwert aufblitzt, weichen die Feinde zurück. Aber mit dem Blut verliert er seine Kraft.

Die wenigen überlebenden Alemannen haben sich um den König zusammengerottet. Sie sehen ihn kämpfen, sie sehen ihn bluten, - wenn er stirbt, ist alles verloren. Der Kampf wogt hin und her bis der Morgen graut, dann ziehen sich die Feinde zurück.

Noch ehe der schwer verwundete König in Bewusstlosigkeit fällt, erteilt er den Unschlüssigen seine Befehle: „Befestigt das Lager! Zieht Wall und Graben! Die Sachsen kommen wieder." Alle wollen sie sich nun um den bewusstlosen König sorgen. Sie fragen und hoffen. Die Wunden werden mit Sorgfalt behandelt. Seine Befehle werden unverzüglich befolgt. Obgleich zu Tode erschöpft, gehen die Soldaten, selbst die leicht Verwundeten, daran, Bäume zu fällen, einen festen Wall zu bauen und einen Graben zu ziehen. So wollen sie weitere Angriffe abwehren.

Furchtbar ist das Bild, das sich den Verängstigten im Lager bietet. Unter verbrannten Fellen liegen verkohlte Leichen. Noch dampfen und schwelen überall Brände. Stickige Luft liegt über dem Lager. Fast alle Zelte wurden ein Opfer des Feuers. Tote, gezeichnet von unzähligen Hufschlägen, liegen zertreten am Boden. Glücklich der, dem es vergönnt war, mit der Waffe in der Hand, als Kämpfender zu fallen. Zwei Drittel des Heeres sind vernichtet. Von Wolf und Udo fehlt weiterhin jede Nachricht.

Völlig verstört und niedergeschlagen suchen die Soldaten im ganzen Lager zusammen, was an Zelten und nützlichen Gegenständen heil blieb und richten sich auf eine Belagerung ein. Späher melden, dass der Feind sich nicht weit vom Lager niedergelassen habe, um sich neu zu formieren. Man müsse jeden Augenblick mit einem weiteren Angriff rechnen.

Die Alemannen sind unschlüssig, ob sie die Flucht ergreifen oder im Lager bleiben sollen. Der König ist noch immer bewusstlos. Er hätte ihnen gesagt, was sie tun sollen. Wegen der vielen Verwundeten entschließen sie sich, endlich zu bleiben und dem Feind, von Wall und Graben geschützt, die Stirn zu bieten.

Mutlos versammeln sie sich vor dem Zelt des Königs. Sie fragen und hoffen und warten. Schon geben sie die Hoffnung auf. Sie zweifeln an seiner und ihrer Rettung, als er endlich, nach Tagen sorgsamer Pflege, wieder zu sich kommt und die Augen aufschlägt. Ein Hoffnungsschimmer stärkt die mutlosen Herzen. Als der König seine Stimme wieder findet, lässt er sich vor sein Zelt tragen, damit alle sehen können, dass er noch am Leben ist. Sie sollen erkennen, dass ihre Sache noch nicht verloren ist, wenn sie nur den Glauben an sich und ihre Tapferkeit wieder finden. Sie glauben jetzt auch, dass er sie retten wird, sobald er wieder zu Kräften gekommen ist. Sie raffen sich wieder zu stärkerer Gesinnung auf. Die Gedanken an den Tod weichen der neuen Hoffnung. Die erstarkende Lebenskraft des Königs belebt alle Kämpfer wieder.

Da greifen die Sachsen aufs Neue an. Reiter sprengen heran und werfen Brandgeschosse über Wall und Graben ins Lager. Die Verteidiger opfern kostbares Wasser, um Brände zu löschen. Die Furcht vor geübten Bogenschützen lässt die Reiter lange Abstand vom Lager wahren, doch wie der erste Hagel dann verklingt und bald nur noch vereinzelte Geschosse aus dem Lager kommen, weicht ihre Furcht.

Verwegen reiten sie jetzt an den Wall heran und werfen Lanzen und Feuer. Der König lässt sich in die Mitte tragen, um von hier aus seine Befehle zu geben. Dies steigert die Tapferkeit der Verteidiger, die sich von ihrem König beobachtet wissen. Rusto gibt Anweisung, nur zu schießen, wenn es wirklich nötig ist oder wenn der Pfeil dem Feind mit Sicherheit Verderben bringt.

Auch das Fußvolk der Sachsen rückt wieder heran und versucht hier und dort durch verwegene Einsätze den Lagerwall zu übersteigen. Verzweifelt schlagen sich die Alemannen und stoßen die Feinde hinab in den Graben. Tag und Nacht wird gekämpft. Auf beiden Seiten fallen die Männer wie die Fliegen im Herbst. Bald macht ein zweiter, unerbittlicher Feind den Eingeschlossenen zu schaffen. Hunger und Durst gehen durch ihre Reihen und rauben den Kämpfern die Kräfte. Schwer drückt die Not auf ihren Mut. Längst hätte die Not ihren Mut erdrückt, hätte Rusto diesen nicht durch seine Lebenskraft gestärkt und jene durch seinen erfinderischen Geist geschwächt.

Rusto rechnet schließlich nicht mehr mit den beiden Freunden und beschließt, obgleich er von Schmerzen gequält auf seiner Bahre liegt, bei günstiger Gelegenheit aufzubrechen und sich ins Alemannenreich durchzuschlagen. Hier warten sie auf den sicheren Untergang. Ein Aufbruch lässt eine schwache Hoffnung auf Rettung zu.

19. Kapitel Der Verrat

Es ist Nacht, eine von den vielen, die sie in dieser schlimmen Lage, zwischen Verzweiflung und Hoffnung schwankend, im Kampf gegen die immer drückender werdende Not stehen. In dieser Nacht schweigen die Waffen. Eine seltsame Stille, eine erdrückende Totenstille herrscht zwischen den Zelten. Kraftlos ruhen die Erschöpften auf ihren Fellen. Gedanken an den nahen Tod beherrschen den Geist. Auch Rusto lenkt seine Gedanken in diese Richtung, ehe der Schlaf ihn übermannt.

Rusto hat gelernt zu sterben. Er kennt den Tod zu gut, um ihn zu fürchten; er stand ihm oft so nah. Der Tod ist ihm ein vertrauter Freund, aber er weiß, wenn der Tod kommt, ist er nicht mehr da. Sie werden sich nie begegnen. Am Ende wird alles so sein wie vor der Geburt; vor seiner ersten Erinnerung, vor den Umarmungen der Mutter; vor den Spielen der Jugend; vor den Zechgelagen mit seinen Freunden; vor den glückseligen Stunden mit Luise und vor dem bitteren Abschied. Es wird keine Entbehrungen, keine Enttäuschungen, keine Anstrengungen, aber auch keine Siege und keine Triumphe mehr geben. Es wird Ruhe herrschen und Frieden. Die Ruhe, die er im Leben nie gefunden hat. So wie im Schlaf wird es sein; in einem traumlosen Schlaf, ohne Schmerz, ohne Freud, ohne Leid, - jenseits aller Zeit.

Einsam liegt er in seinem Zelt. Seine Wunde macht ihm zu schaffen. Rusto ist vertraut mit der Bitternis des Schicksals. Schweigend und geduldig erträgt er, was ein Mensch nicht von sich schütteln kann. Vor seinem Zelt stehen zwei Wachen im

Schein von flackernden Fackeln. Ihr unruhiges Totenlicht mischt sich mit dem des leichenblassen Mondes.

Da hört man das Pusten und Wiehern von vielen Pferden am Lagereingang. Freudig erregte Stimmen mischen sich zu einem unverständlichen Palaver. Der adlige Udo ist endlich mit einem Heer eingetroffen. Die Erschöpften finden kaum die Kraft, sich über diese unerwartete Hilfe zu freuen. Sogleich lässt Udo die übermüdeten Wachen am Eingang durch seine Leute ablösen. Noch herrscht Stille in den Zelten. Udos Männer übernehmen die Posten. Mit einigen Soldaten reitet er zum Zelt des Königs. Dort angelangt steigt er vom Pferd und will die Felle zurückschlagen, aber die Wachen versperren ihm den Weg. „Erkennt ihr mich denn nicht", fragt er empört. „Wir erkennen dich wohl als den Freund des Königs", geben sie ihm zur Antwort, „aber solange der König schläft, darf niemand zu ihm." Udo winkt seinen Reitern. Diese steigen von ihren Pferden, treten an die arglosen Wachen heran und machen sie mit ihren Dolchen nieder, ohne dass ein Laut über deren Lippen kommt. Jetzt nimmt Udo eine von den Fackeln, die vor dem Zelt angebracht sind, schlägt die Felle zurück und betritt allein das Zelt. Vor ihm liegt Rusto, durch seine Verwundung auf sein Lager gefesselt, in unruhigem Schlaf. Udo nimmt, zitternd vor Furcht und Aufregung, die Waffen des Königs von der Wand und schiebt sie vorsichtig seinen Leuten durch den Zelteingang zu. Dann atmet er tief und versucht die Furcht von sich zu schütteln, um die verwegenste von all seinen Taten zu wagen. Er zieht sein Schwert und tritt an das Lager des Königs heran. Hätte dieser jetzt die Augen aufgeschlagen, dann wäre dem tapferen Udo gewiss ein solcher Schrecken durch Mark und Knochen gefahren, dass er die Flucht ergriffen hätte. Mit zitternder Hand erhebt er das Eisen, das im Schein der Fackel rötlich funkelt und stößt es mit Wucht in die Brust des Königs. Wie vom Blitz getroffen fährt Rusto vom Schlaf auf und tastet reflexartig nach seinen Waffen. Er findet sie nicht. Da reißt er seinen Schild von der Wand. Erstarrt vor Schreck steht Udo vor ihm. In einer letzten übermenschlichen Anstrengung erhebt sich der König von seinem Lager, packt den Schild mit beiden Händen und zertrümmert Udo den Schädel. Rusto tötet seinen Mörder. Tödlich getroffen brechen beide zusammen. Aus der Wunde des Königs quillt stoßweise das Blut, wie die Lava aus einem Vulkan.

Wie Udos Reiter erkennen, dass ihr Anführer tödlich getroffen wurde, beginnen sie zu fliehen. Männer der Königsgarde stürzen in das Zelt und finden den König mit dem Tode ringend. Neben ihm, am Boden, liegen sein Schild und der tote Udo. Der Schreck über die ungeheuerliche Tat nagelt sie auf der Stelle fest und lässt ihr Blut gerinnen, so dass sie starr und schweigend dastehen wie eherne Säulen. Da schlägt Rusto noch einmal die Augen auf und haucht mit kaum vernehmbarer Stimme: „Mit mir geht es zu Ende, aber ihr müsst dafür sorgen, dass mein Werk lebt. ....

Mit diesen Worten erlosch sein starkes Leben. Die Natur hat es gegeben. Sie wird neues Leben schaffen. Das ist der Kreis der Welt, doch allzu selten gelingt der Künstlerhand Natur ein solcher Wurf. Zu selten schenkt das Schicksal solche Kraft, als dass man seine Tränen sparen müsste, wenn sie erlischt.

20. Kapitel Der Untergang

Die Männer der Königsgarde erkennen den Verrat des Freundes. Sobald die Wärme ihres Blutes die schreckerstarrten Glieder wieder gelöst hat, beschließen sie den letzten Auftrag ihres Königs zu erfüllen. Schon steht der Feind im ganzen Lager. Jetzt ist rasches Handeln angebracht. Sie wickeln den toten König in ein rotes Tuch, auf dem ein schwarzer Falke stolz seine Schwingen hebt, binden ihn auf den Rücken seines Hengstes, besteigen selbst ihre Pferde und machen sich davon.

Rastlos jagen sie durch die Nacht, den toten König mit sich führend. Der bleiche Mond ist ihr Begleiter. Sie ruhen nicht bei Tag und nicht bei Nacht. Den toten König wollen sie vor dem Feind erretten. Sein untergehender Stern hat sie geschützt.

Sie ziehen in Alemannien ein. Sie gelangen in sein Dorf. Und da beginnt ein jämmerliches Klagen. Unfassbar ist es allen, dass so ein Leben je versiegen konnte. Er war ihre Hoffnung und ihr Lebensmut. Was soll jetzt aus ihnen werden, da er nicht mehr ist. Der Jammer kennt kein Ende mehr. Was nun? Wer soll das Reich verwalten? Erloschen ist die Seele in der Burg, im ganzen Reich. Mutlos lassen sie die Köpfe hängen. Wozu noch tapfer sein, wenn es keinen gibt, der ihre Tapferkeit bewundert? Wozu ist alle Schönheit gut, wenn es keinen gibt, der sie bestaunt? Wer kann jetzt noch das Recht vom Unrecht unterscheiden? Wer soll ihre Bauten fördern? Wer kann sie vor den Feinden schützen?

Sie tragen ihn hinauf in seine Burg, legen ihn auf seine Tafel und schmücken ihn mit Blumen. Die Königsgarde hält bei ihm die Wacht. Tiefe Trauer lastet auf dem Reich.

Alle Werke bleiben unvollendet liegen. Für die Zukunft fehlt der Mut und die Vergangenheit ist abgeschnitten. Was tun, wenn man kein Ziel mehr hat? Alle Hoffnung ist zerschlagen. Was sie tun, ist ohne Sinn, also lassen sie sich gehen. Zum Tod hin fließt ja alle Zeit, egal ob man auf diesem Fluss mit vielem Rudern seine Kraft verbraucht oder ob man sich einfach treiben lässt. Zum Tod hin wendet sich der Sinn der Betrübten. Wo Trauer herrscht, kann man keine Werke planen. Der Traurige zerstört sich selbst, um tiefer noch den Schmerz zu fühlen.

In der Nacht vor Rustos Leichenfeier bricht der schlaue Wolf, der sich bis zum Tod des Königs stillgehalten hat, mit seinem Frankenheer im Reich der Alemannen ein. Jetzt will er die Herrschaft in diesem Reich erobern. Die Sachsen und die Thüringer unterstützen ihn bei seinem Wüten. Mord und Brand trifft das Land. In Flammen stehen alle Werke. Zum Himmel schreit das Leid. Ohne Führung und ohne Mut liegt das Reich der Alemannen hilflos da. Unzähmbar ist des Gegners Wut. Männer fluchen, Frauen weinen, Kinder schreien. Alle fallen unter seinem Schwert. Häuser stürzen ein und Dämme reißen. Die schönsten Bauten frisst das Flammenmeer. Blut und Tränen mischen sich zu einem Strom des Leids.

Im brennenden Reich, über dem brennenden Dorf ist die Burg die Krone aller Brände. Der Kalkstein glüht, die Balken stürzen ein. Wie Sterne fliegen die Funken hoch zum Himmel. Stürmischer Wind peitscht das Flammenmeer. Es braust die Flut, die Wogen überschlagen sich.

Da stürmt eine Frau die zweihundert Stufen zur Burg empor. Unendlich schön ist ihre Gestalt. Tränen überfluten ihre Wangen. Rötlich schimmert ihr goldenes Haar im Licht des Feuers. Was hat sie vor, die Unglückselige? Sie fürchtet nicht die Wut des Flammenmeers. Sie rennt hinein in die Burg. Sie stürzt sich in das rasende Feuer. In der Nähe des Geliebten findet sie den Tod. Über ihr brechen die Balken des Giebels ein. Das Feuer reißt sie in die Tiefe.

Der Himmel glüht. Die Nacht ist wie der Tag erhellt.
Nichts gibt es mehr auf dieser Welt,
nur Flammen gibt's und Tränen!

Der Autor

Roland Fakler
wurde 1953 in Leutkirch, Kreis Ravensburg, geboren.
Nach Abitur in Leutkirch, Bundeswehr (Sanitäter)
in München und einem Semester Medizin in Tübingen,
seit 1976 freischaffender Künstler in Ammerbuch / Reusten.
Im Internet: **www.rolandfakler.de**

Weitere Bücher des Autors

Rusto 2007 Ein Historischer Roman 56 Seiten, DINA5
Herstellung bei Books on demand. ISBN: 9783837002713
Cäsar 2007 Ein Epos in Versen 296 Seiten DINA5
Books on demand GmbH, Norderstedt ISBN-13: 978-3-8370-109223
Reusten und seine Geschichte
2008 DINA5; 136 Seiten; 80 Bilder 27Farbseiten; DINA5
Books on demand GmbH, Norderstedt ISBN-13: 9783837043839
Ammerbuch: 2014 64 Seiten; 17 farbige Seiten DINA4,.
ISBN 9783732288823
Von Verfolgern und Verfolgten – Lehren aus der Weltgeschichte
ISBN-13: 9783839138779 © 2010/ 2012/2014 300 Seiten DINA 5
Herstellung Books on Demand GmbH, Norderstedt
About Persecutors and Persecuted People /
English version of this book
ISBN-13:9783842382756 350 Seiten DINA 5